中村天風 折れないこころをつくる言葉

Tempu Nakamura

池田光 解説

イースト・プレス

中村天風　折れないこころをつくる言葉

はじめに――なぜ、天風の言葉は「元気」を与えてくれるのか

読むだけで、元気が出る！――人生哲学の大家・中村天風《なかむらてんぷう》（一八七六～一九六八）の名言を、いつでも、気が向いたページから開けるようにまとめました。

「おかしくも何ともないときに、嘘《うそ》でもいいから笑ってごらん」↓本書13
「運命のよくないとき、運命にこだわれば、運命に負けてしまう」↓本書27
「生まれながらこうだと思えば、何でもねえじゃねえか」↓本書36
「生き方ひとつで楽園になる」↓本書56
「暗かったら窓を開けろ。光がさしてくる」↓本書57
「欲を捨てろなんて、そんな消極的な、できないことは大嫌いだ」↓本書77
「金儲《かねもう》けするつもりになるな、損をしないつもりでやれ」↓本書98

「あわてふためくから、ふり回されちまうんだ」↓本書106

勇気を与えてくれる、これら天風の言葉は、どれも本文で紹介しているものです。一つひとつの言葉が、あなたを癒やし、勇気を授け、輝く人生にしてくれることでしょう。

本書では、150の言葉をとりあげ、わかりやすく解説しました。それだけでなく、全編を通して読んでいただくと、天風哲学がわかるよう工夫《くふう》しました。

では、どのような内容なのか、章ごとに見ておきましょう。

第一章　くよくよしない。——宇宙エネルギーを味方につけて、「幸せ」を呼びこむ。
第二章　とらわれない。——感情にとらわれず、運命にとらわれず、堂々と生きる。
第三章　おそれない。——降りかかるマイナスを払い、秘法の「クンバハカ法」で身を守る。
第四章　あきらめない。——閉じこもりがちな心を解放して、前を向く。
第五章　ふりむかない。——眠ったままの「内なる力」を自覚し、積極精神で生き抜く。
第六章　くすぶらない。——欲望を肯定し、願望を実現して、人生をくすぶらせない。
第七章　おちこまない。——ビジネスで成功し、最上の「問題解決法」で壁を越える。

第八章　ふりまわされない。――天風の最高の教え「安定打坐法《あんじょうだざほう》」「真理瞑想行《しんりめいそうぎょう》」を修得する。
第九章　まよわない。――天風の悟りが凝集した「天風誦句《しょうく》」を味読する。
第十章　くるしまない。――病を克服し、健康と長寿をわがものにする。

さらに、巻末の「解説」では、天風哲学の学び方を紹介し、心身統一法のポイントを虎の巻の要領でまとめました。必要に応じてごらんいただければ、本文の言葉集に縦糸が通ることでしょう。

じつは、筆者も中村天風の言葉から勇気を与えられたひとりです。神戸《こうべ》に住む筆者が、一九九五年に阪神《はんしん》・淡路《あわじ》大震災に遭ったとき、ふと口をついて出たのは、

「私は　力だ。力の結晶だ」（本書67）

という天風の誦句でした。何度も唱えました。このフレーズが、どれだけ筆者に生きる力を与えてくれたことか、はかり知れません。

天風の教えを「天風哲学」と呼ぶことがあります。では、天風哲学とは、どのようなものでしょうか。

◎天風哲学とは、ヨーガの里での悟りを、心身統一法として体系化したものである。
◎天風哲学とは、進化と向上に向かって力を発揮すべく、潜勢力（生命の内奥深くに潜在している巨大な力）を顕在化させる方法である。
◎天風哲学とは、霊性を顕現し、絶対積極で生きる人生論である。
◎天風哲学とは、本当の自己（真我《しんが》）のもとに、心身をコントロールする技術である。
◎天風哲学とは、気と観念の哲学である。

このように、いろいろな角度から説くことができます。たとえば、最後の「気と観念の哲学である」という観点から、天風哲学を見ておきましょう。

天風は、インド東北部（ネパールという説もある）のカンチェンジュンガの山のふもとにあったと推定されるヨーガの里で、恩師の聖者カリアッパ師から、気で生き抜くことを学びました。それまでの天風は、肉体の力によって生きる小さな存在でしかありませんでした。

この大宇宙に満ちている無限の気のエネルギーは、進化向上へと運動を続けていると天風は言います。これと同調して生きようというのが、気によって生きる生き方です。

また、天風哲学は観念の哲学です。マイナスでいっぱいになっている潜在意識をプラスへと変えて、積極精神で生きるとき、人生は好転し、健康や長寿も、成功や幸福も、すべてがこの手に入ります。

そんな天風の世界が、手軽に、どこからでも読めるのが本書です。苦しいときや、腹が立つときや、悲しいときに、いつでも本書を開いてください。きっと、答えが見つかることでしょう。

なお、中村天風の言葉は原文どおりの引用ですが、意味を損なわない範囲で、わずかに文章を再編集した部分があります。あらかじめご了承ください。

本書は、旧版（『中村天風　打たれ強く生きる100の言葉』）を全面的に改稿し、新たに50の言葉を加えたもので、改訂版というよりも、まったく新しい本になりました。

また、本書は、二〇一七年に刊行された『安岡正篤《やすおかまさひろ》　運命を思いどおりに変える言葉』の姉妹本でもあります。中村天風と安岡正篤は、ともに昭和を代表する精神的支柱であり、「日本が生んだ最高峰の人生哲学」として両書がそろったことは、大きな喜びです。きっと、読者のみなさまに益するところがあるでしょう。この一冊がお役に立つことを祈っています。

池田《いけだ》　光《ひかる》

中村天風　折れないこころをつくる言葉　目次

第一章 くよくよしない。

第二章　とらわれない。

第三章　おそれない。

第四章　あきらめない。

第五章　ふりむかない。

第六章　くすぶらない。

第七章　おちこまない。

第八章　ふりまわされない。

第九章　まよわない。

第十章　くるしまない。

第一章

くよくよしない。

1
くよくよしたら「受け入れ口」がふさがる

クヨクヨジメジメ思っている人は、
結局、宇宙エネルギーの受け入れ態勢を
自分からくずしていることになるんだぜ。

『成功の実現』

各界の著名人や成功者たちに、パワーを与え続けた中村天風。彼は、明治の初めに生まれ、日露《にちろ》戦争では軍事探偵として危険な任務につきました。三十歳にして奔馬性肺結核にかかると、救いと真理を求めて欧米を旅します。アメリカからイギリス、ドイツ、そしてフランスへと渡ったころには力尽き、「どうせ死ぬなら桜の国、生まれ故郷の日本で死のう」と帰国を決意します。

帰路のことでした。出会ったばかりのヨーガの聖者から、「おまえは助かる運命にある」と告げられたのです。天風にはその言葉が妙に信じられ、聖者に導かれてヨーガの里に入ります。そこで修行を続け、肺結核を完治させた天風は、生命力についての深い洞察を得ました。
◎人間にはもともと、健康で幸せな人生を歩めるだけの力が具《そな》わっている。この巨大な力は、生命の奥深くに眠り続けている。——潜在化しているので、天風は「潜勢力《せんせいりょく》」と呼びました。
◎他方で、宇宙エネルギーは絶え間なく人間に注がれている。
ヨーガの里で獲得したのは、潜勢力を顕在化させる方法でした。この方法によって、天風は肺結核を克服し、九十二歳の天寿をまっとうします。こうして幸福へのハウツーが生まれたのです。

わが生命力を信じて、くよくよしないことです。「くよくよ」は、宇宙エネルギーの受け入れ態勢を壊してしまう、押してはならないスイッチです。押せば、生きる力は萎え、幸福から遠のくばかり。第一章では、宇宙エネルギーを味方にした、幸せを呼びこむ生き方を考えます。

2
喜びの感情で、「幸せへのスイッチ」を入れる

自分の生きてるあいだ、
何ともいえない
楽しさ、朗らかさ、おもしろさの
絶えざる連続だというような
生き方にしなきゃあ。

『盛大な人生』

この大宇宙は、隅々まで宇宙エネルギーで満たされています。そんな宇宙エネルギーを受け入れれば受け入れるほど、運命は好転し、病はよくなり、願いはかない、何もかもうまく運びます。

天風は、宇宙エネルギーを太陽光線になぞらえて、

「太陽の光線は、美人の顔も照らせば、犬の糞《くそ》も照らしている」（『運命を拓《ひら》く』）

と説きます。宇宙エネルギーは誰にも平等に注がれているということです。

ところが、平等に注がれているはずの宇宙エネルギーの受け入れ量は、各人によって違います。大量に受け入れて、バリバリ成功している人もいれば、反対に宇宙エネルギーを遮断してしまって、くよくよし、何をやってもうまくいかない人もいます。

でも、大丈夫。ちょっとした秘訣《ひけつ》で、宇宙エネルギーをたっぷり受け入れることができます。そんな宇宙エネルギーが注がれる生き方を、天風はやさしく教えました。先走って言えば、私たちの心のもち方によるのです。本書を読み終えたときには、くよくよしない生き方が、あなたのものになっているはずです。

ここでは、「楽しさ、朗らかさ、おもしろさ」という喜びの感情が、宇宙エネルギーを受け入れる秘訣だ、と前置きしておきましょう。喜びの感情は、幸せになるためのスイッチです。このスイッチをさっそくオンしませんか。

間脳《かんのう》から
心を通じて肉体へ
宇宙エネルギーというものが入る。

『心に成功の炎を』

宇宙エネルギーはどんな経路をたどって肉体に至り、生きる力になっていくのでしょうか。右の天風の言葉から、三つのステップを経ることがわかります。

①宇宙エネルギーは、間脳から入る。

②宇宙エネルギーは、心を通過する。

③宇宙エネルギーは、肉体へと行き渡る。

一番目の「間脳から入る」ことについて、天風は別の講演ではよりくわしく、宇宙エネルギーは眉間から入って大脳に受け入れられ、松果体《しょうかたい》にとどまり、太陽神経叢《たいようしんけいそう》を経て、体じゅうの急所へ分配されると述べています。

さて、ここで問題にしたいのは、二番目の「心を通過する」ということです。もし宇宙エネルギーが心を通過しないで、直接③の肉体へと行き渡るなら、心がどんな状態であっても宇宙エネルギーの受け入れ量に変化はないはずです。ところが心を通過するため、心がプラスかマイナスかで、宇宙エネルギーの受け入れ量は変わるのです。

心が楽しさ、朗らかさ、おもしろさというプラスの状態にあるときには、宇宙エネルギーの受け入れ量は大きくなります。逆に、何かに怒ったり、怖れたり、悲しんだり、くよくよしてマイナスの状態にあるときは、入り口に蓋をしたかのように宇宙エネルギーが注がれなくなるのです。

自分の生命の背後には、
見えないけれども宇宙霊が、
自分を抱き締めるように、
自分と共に在るんだ！
我は宇宙霊とともにいる！

『運命を拓く』

人は孤独なんかじゃありません。たとえ、ネガティブでくよくよし、宇宙エネルギーの入り口をふさいでしまったとしても、人は見放されているのではありません。家族とも離れ、友人づきあいもなく、まわりに誰もいない思っていても、じつはいちばん根底のところで、人は孤立なんかしていないと天風は言い切ります。このことを、天風は二字で表しました。

「不孤」――そのまま「ふこ」と読んでもいいし、漢文のように返り点を打って「孤ならず」と読んでもかまいません。どんなに他人から理解されず、ひとりぼっちだとしても、それでも、あなたは「宇宙霊」に守られていて、孤立しているのではない、孤独ではないということです。

宇宙霊というのは、天風の用語です。たとえば、これを神様、仏様、造物主、大自然、サムシング・グレートなどと自由に言い換えてかまいません。さて、話を戻しましょう。天風は、

「我は宇宙霊とともにいる！」（同書）

と断言しています。人はどんなときも、ひとりではありません。生命の灯がかき消える死の一瞬ですら、ひとりではないのです。宇宙霊に抱かれ、宇宙霊とともにいます。ここを生きる出発点にしてはどうでしょう。起点の段階で、すでに守られているのです。見捨てられた存在ではなく、最初からプラスのスタート台に立っています。うまく感情をコントロールできなくても、どんな人生であっても、このプラスの起点から始めることができるのだ、と考えてみませんか。

5

どんな悩みも、ひと晩眠れば忘れられる

昼間どんな腹の立つことや
悲しいことに関係した場合であろうとも、
夜の寝際の心のなかは
断然それを持ち込んじゃいけない。

『成功の実現』

人間関係や仕事でうまくいかないことがあって落ちこみ、そのうえ、このマイナスの気持ちを翌日まで引きずったら、二日間も台無しになってしまいます。その日のことは、その日のうちにケリをつけてしまいましょう。——夜をうまく活用することです。天風の愛弟子《まなでし》で、筆者が若いころに師事した天風会第四代会長の杉山彦一《すぎやまひこいち》（一九二〇〜二〇〇二）は、

「夜は偉大なる消しゴムである」

と教えました。ぐっすり眠っている間に、夜が昼間のイヤな出来事をすべて消し去るのです。

ところが、「昼間の出来事が頭から離れない」とばかり、イヤなことを握りしめて眠ると、ボールペンで書かれた文字となって、消しゴムでは消せないので要注意。

気持ちを切り替える練習から始めましょう。たとえば、ニヤッと笑える思い出の写真を枕元に飾ったり、心が癒やされるような音楽を聞いたりすることです。一瞬でもプラスにひたれば、マイナスは吹っ飛びます。さらに夜は、明日への活力を充電する時間でもあります。天風は、

「夜の寝際に神経過敏になってクヨクヨいろんなことを考えていると、電気のコンセントを切っちやったのと同じじゃないか」（『成功の実現』）

と忠告します。寝ている間も宇宙エネルギーは注ぎこまれています。誤っても「くよくよ」のボタンを押して、コンセントを抜いてしまってはなりません。

根本《こんぽん》エネルギーである大きな力の
受け入れ量をできるだけ多くすることが
生命を強く、長く、広く、深く生かす、
一番の大根大本《おおねおおもと》になるんです。

『心に成功の炎を』

宇宙エネルギーをたっぷり受け入れないと、理想の人生を生き抜くことはできません。では、理想の人生とは、どのようなものでしょうか。――次の四つの条件が満たされたものです。

①強い――順境のときも、逆境のときも、境遇のいかんにかかわらず強く生き抜く。

②長い――できるだけ長く生き、天寿をまっとうする。

③広い――清濁を併せ呑《の》むほどの大きな心をもって、広くこの世と人生を生きる。

④深い――なにごとでも深層まで達して、人生で味わう妙味をより深く味わう。

生命は、生きて生きて、ひたすら生き抜こうとします。その姿は、強く、長いのです。生命の奥深くに潜在化している力を引っ張り出せば、どんな病弱な人であっても、その人生を転換することができます。そのうえに宇宙エネルギーが注がれます。人は本来、強く、長く生きる可能性をもった存在です。これは奔馬性肺結核を癒やした天風自身が証明しました。

では、強く、長く生きるだけで理想的な人生だと言えるかというと、そうではありません。さらに、広さと深さが必要です。一度きりの人生なのに、狭い世間をさらに狭くし、なにごとも表層的なところで満足してしまっては、もったいないかぎりです。同じ体験であっても、好奇心をもつだけで、その体験はより広がり、より深めて味わうことができます。広く、深く生きる知恵を働かせれば、人生はもっと創造的なものになります。

7
広く生きて、誰からも好かれる人間になろう

他人《ひと》に好かれない人間というものは、
もうだんぜん、
有意義な幸福な人生に
生きられないんですよ。

『君に成功を贈る』

幸せになろうと思ったら、他人に好かれる人になりなさいと天風は言います。人から嫌われては、幸せは遠のくからです。

では、好かれる人間の条件とは、何でしょうか。天風があげるのは、才能があるとか、容姿がいいとか、財力がある、といったものではありません。誰にでもできる次の五条件です。

①好き嫌いを言わないこと。

②思いやりをもって、真心から親切に応接すること。

③他人に迷惑をかけないこと。

④他人からの恩義を重大に考えて、感謝で報いるようにすること。

⑤心をおおらかにし、感謝で受けとめる、そんな心のもち方で人生をつくりあげること。

これらを、天風が説く「理想の人生」（本書6参照）に照らし合わせると、①強い、②長い、③広い、④深い、のうち、好かれる五条件はすべて三番目の「広い」に集約できます。つまり、広く生きるとき、人に好かれるのです。

逆に言えば、「狭い」と好かれません。好き嫌いを言えば、交友範囲は狭くなります。親切にしなかったり、他人に迷惑をかけたり、恩義に報いなかったり、自分を頑固に変えなかったりすると、人間関係は狭くなります。狭い人がいると、まわりは息苦しくなるだけです。

狭く生きると、好かれない。

8
「呼吸のリズム」を整える

「呼吸」と書いてあるだろ。
「呼」というのは出すほうなんだ。
「吸」は吸うほうなんだ。
あなた方は「吸呼」をやってるんですよ。

『いつまでも若々しく生きる』

生命に必要なものを、天風は五つあげました。空気、水、食物、日光、土です。なかでも、空気は、八五パーセントものウエイトがあると言います。

これほど大切なのですから、空気のとり入れ方には気をつけることです。天風は、①きれいな空気を選ぶことと、②四肢末端にまで活力を送るよう深い呼吸をすること、をあげています。①のためには、汚れた空気を避けることと、自然に囲まれたきれいな空気を吸うことが大切です。

②の四肢末端に活力を送れるような深い呼吸をするには、最初に、肺のなかの空気を吐き出すことです。思いっ切り吐き出してしまえば、新しい空気がたっぷり吸えます。このように、「呼吸」は吐いてから吸うのが原則です。なお、天風は、吐いて、吸うという呼吸の節目に、クンバハカを組み入れた活力吸収法を教えています（本書１２４参照）。

ところで、人は、怒ったり、悲しんだりすると、すぐに呼吸に変化が表れます。速くなったり、乱れたり、ため息が出るなどです。こんなとき、心を落ち着かせるには、呼吸のリズムを整えることです。わざとゆっくりしたペースで呼吸すると、自然に落ち着いてきます。

また、「呼吸を合わせる」と言いますが、相手とのリズムを合わせると、その人との関係がうまく運びます。ほかにも、物事を巧みにおこなうには、「呼吸をつかむ」ことが大切で、呼吸はうまく生きるコツにつながっています。

自分と相手の「呼吸のリズム」を意識する。

9

幸せとは、「心の平安」である

本当の幸福とは、
自分の心が感じている、
平安の状態をいうのだ。

『運命を拓く』

口を開けば不満ばかり言ったり、些細《ささい》なことでくよくよしたりする人は、残念ながら幸せとはほど遠いでしょう。そんな人は、すぐに心が乱れるからです。反対に、どんなときでも心が平安な状態でいられたら、それこそが幸せだと天風は言います。

仮に、定期検診を受けて疑いが見つかり、精密検査をしたところ、

「余命六カ月です」

と宣告されたら、どうでしょう。これをうれしいと言う人はいないまでも、「これまで、よく生きたし、よくぞ生かしてくれた」と受けとめることはできます。これが心の平安です。

二千五百年前に生きた孔子《こうし》（前五五一〜四七九）は、「朝《あした》に道を聞かば、夕べに死すとも可《か》なり」（『論語』里仁《りじん》第四）と弟子たちに説きました。その朝、真実の道を学べたら、夕方に死んでもかまわないという意味です。後半の「夕べに死すとも可なり」には、安心立命の境地がうかがえます。

もちろん、生物であるかぎりは死への拒否反応はあるでしょうが、前半の「朝に道を聞く」ことができたら、この拒否反応を乗り越えられるのです。天風哲学を学ぶ醍醐味《だいごみ》は、天風が教える真理の道を学んで、心が乱れない境地に至ることです。

この反対が、些細なことにビクビクし、くよくよすることです。心の安定を欠いて右往左往していたら、決して幸福とは言えません。道を学んで、信念をもつことです。

「道を学ぶ心」をもち続ける。

10
心底楽しめる仕事は、死の恐怖を超える

楽しいという心のあるときには、
辛《つら》い、苦しいという心は
同居させないのであります、
心が。

『盛大な人生』

二十代後半のころの天風は、三年以上もの間、満州《まんしゅう》の地で過酷な軍事探偵の任務につきました。日露開戦前後の情報収集と後方攪乱《かくらん》をおこなうためです。選抜された百十三名の軍事探偵のうち、生還したのはわずか九名にすぎなかったと言います。

ところが天風は、「辛いと思われることでも、人の知らないこと、人のできないことをするのは楽しみなんだよ」（同書）と、過酷なはずの任務が楽しかったと述懐しています。

お国のために選抜されて、誰にもできないことをやっているという誇りと覚悟があったからでしょう。あるとき、天風はコサック騎兵に捕らえられ、牢獄《ろうごく》に閉じこめられます。死刑宣告を受ける前日のこと、牢番《ろうばん》をしていた老人が、

「内緒だけど、明日、おめえは銃殺になるんだぜ」

と気の毒そうに告げます。もとより天風には覚悟ができています。来るべきときが来たと受けとめると、その夜も変わりなく、ぐっすり眠りについたそうです。なんと太い胆力でしょうか。

誰にもできない軍事探偵という職務に、死は折りこみずみだったのかもしれません。楽しいという心が、心を占めているとき、辛いとか苦しいという心は同居できないと天風は言います。死の恐怖を超越して、この職務を楽しんだというのは、強がりではなく真実でしょう。ちなみに、死刑を宣告された天風が生還できたのは、九死に一生で仲間に助け出されたからです。

11

「継続」の秘訣は、楽しむこと

目的とすると辛くなるから、
楽しみにするんだよ。

『盛大な人生』

儒教の祖である孔子のエピソードです。楚国《そこく》のある長官が、孔子の高弟である子路《しろ》に、

「孔先生はどういう方ですか?」

と尋ねました。どうしたわけか、子路は答えませんでした。それを知った孔子は、

「おまえは、なぜこう言わないのだ。その人となりは、学問に発憤《はっぷん》して食べることを忘れ、志した道を楽しんで憂いを忘れ、やがて老いが迫ってくることにも気づかずにいる」(『論語』述而《じゅつじ》第七)

と。おもしろい自己評です。

孔子の言葉に、二つのことを忘れたとあります。食べることと、くよくよ心配することです。さらには、迫りつつある老いにも気づかないほど夢中にさせたのは、目的とする学問や道が孔子の精神を奮い起こし、楽しかったからです。その姿はユーモラスながら、鬼気迫るものがあります。

天風は、後進たちに向かって、「心身統一のそのままの人間をつくりあげることを、目的とするよりも、楽しみになさい」(『盛大な人生』)と、道を歩む秘訣を教えました。「心身統一のそのままの人間をつくりあげる」とは、理想の自分になることです。

そんな道を歩もうとして頑張るとつらく感じることも、楽しみにすると夢中になります。孔子の例からもわかるように、楽しむことは、憂いすら忘れさせるのです。

この「楽しむ」ことが理想の自分になる早道であり、目的に至る近道です。


寝食を忘れるくらいに楽しむ。

12

悲しみは、微笑む人からは逃げていく

心を明朗に、
一切の苦しみをも
微笑《ほほえ》みにかえていくようにしてごらん。
そうすると、
悲しいこと、つらいことのほうから
逃げていくから。

『心に成功の炎を』

朝、気分よく目覚めると、その日はよいことが起こりやすく、一日を楽しく過ごせます。反対に、イヤな気分でいると、ろくなことがありません。

出発点は「心のもち方」です。楽しいことを浮かべることです。すると、実際に楽しい出来事が起こります。不快なことを考えると、敬遠したい出来事までが押し寄せます。

このように、心には同質のものを引き寄せたり、創造したりするという法則性があるのかもしれません。

心がマイナスの状態にあるとき、引き寄せなくてもいいマイナスが集まってきます。プラスの材料ですら、わざわざマイナスの意味に置き換えて受けとめてしまいます。そんなとき、プラス言葉の注射をすることです。たとえば、

「心がどんどん明るくなっていく」

と唱え続けます。これが、微笑みに変えていく言葉です。やがてこの言葉が効き始めて、マイナスのほうから逃げ出します。

心が前向きになるような言葉を唱え、自己暗示することが、プラス言葉の注射です。副作用はありませんから、いつでも、どこでも注射してかまいません。つらかったことも、プラスの観点から受けとめられるようになり、微笑むことができる体験として受容できます。

13
くよくよしたら、プラスの自己暗示をかける

おかしくも何ともないときに、
嘘《うそ》でもいいから
笑ってごらん。

『心に成功の炎を』

こんな実験があります。おかしくも悲しくもないニュートラルな状態で、被験者にわざと泣いてもらいます。そのあと、泣いたことでどんな気持ちになったか、を調べました。すると実験の結果は、理由もなく悲しくなったというのです。

この実験からわかることは、「泣くから、悲しくなる」ということです。「泣く理由があって、悲しくなる」のではありません。泣くという行為が悲しくさせたのです。

もちろん、ほかの行為についても当てはまります。

「笑うから、楽しくなる」

嘘でもいいから、笑ってみてください。理由もなく晴れた気分になることでしょう。これを自己暗示に応用して、笑う行為によって、心を楽しくさせることができます。天風は、

「鏡に顔を映して『ハハハハハハハハハ』と笑ってごらん。きっとおかしくなる。笑うにつれて腹が立ってくることは絶対ないからね」(同書)

と教えました。

行為から自己暗示する方法は、心の問題を身体面から解決する方法です。くよくよしてきたら、いつでもどこでも笑ってみましょう。きっと楽しくなり、ふさいだ気分を笑いが吹き飛ばしてくれるはずです。

嘘でも笑ってみる。

笑いは無上の強壮剤である、
また開運剤である。

『研心抄』

評論家の山本七平《やまもとしちへい》（一九二一〜一九九一）は、がんで亡くなる寸前には、もう自力で下《しも》の世話ができなくなっていました。子息か誰かにお尻を拭いてもらうのですが、同時に、アルコール消毒をします。すると、七平が、

「そんなにスースーしたら、お尻が風邪引いてしまうがな」

と笑わせたそうです。介護というのは、するほうも、されるほうもつらいものですが、笑いの力で重々しい空気を一変させることができます。あるとき筆者は、

「人生の最後の瞬間をどう迎えたいですか？」

という質問を受けたことがあります。

「臨終に立ち会った人をユーモアで笑かしたい。笑っているうちに逝ってしまえたら最高です」

と答えました。臨終の瞬間に、ユーモアを発揮できるだけの知力と体力が残っているかどうかはわかりません。が、どんな状況であっても、心の余裕をもっていたいものです。

介護や死に際においても笑わせようという気迫をもっていれば、どんな状況においても、笑う力を失うことはありません。笑いは、天風が指摘するように、無上の強壮剤であり、開運剤です。ともすれば、へこたれようとしている自分を、ユーモアひとつで勇気づけることができます。また、行きづまった状況を切り開くこともできるのです。

清濁を併せ呑むという事の出来得ない人は
広い世界を狭く活《い》き
調和ある人生を知らず識《し》らず
不調和に陥れる人である。

『叡智のひびき』

一枚のコイン。コインには表と裏があります。仮に、表側を「清」、裏側を「濁」とすると、清濁が合わさって一枚のコインです。表側だけのコインというものはありません。

「私は、お金を清く使いたいので、裏側はいりません」

と言う人がいたら、噴き出してしまいます。

「お金の使い方に清濁があったとしても、それは使う人次第。もっと大きな立場から、清濁を飲みこんだらいいんじゃないの」

と、ついツッコミたくなります。これはコインだけの話ではありません。

「ずっと成功し続けなさい」

と人生の表側ばかりを要求する人がいたら、その人は何かを成就することの深みがわかっていません。努力と工夫《くふう》を重ね、それでも失敗したという裏面の経験を生かして、成功があるからです。

言葉の世界では、表側だけを言い続けることができます。しかし、政治でも、経済でも、ビジネスでも、実践の世界では、表と裏の両面が分かちがたく結びついています。そんな現実の世界で、表側の上澄みだけで生きようとすると、その人は不調和に陥ります。了見が狭いのです。

とはいえ、悪いことに手を染めよと言っているのではありません。正々堂々と正義の道を歩みながら、一段高い立場から清濁を併せ呑むことです。

一段高い立場から見る。

第二章

とらわれない。

16
とらわれない人は、感情にふり回されない

急行列車の中で、
窓に写るいろんな景色を、
フーッ、フーッと雲烟過眼《うんえんかがん》する気持ちが、
とらわれのない、
執着解脱の心境なのである。

『運命を拓く』

右の言葉を解釈しておきましょう。まず「雲烟過眼」とは、かすみや雲が目の前を過ぎ去り、去ればそれっきり思わないということです。天風は、急行列車の窓に映った景色が次々に飛び去って、一コマ一コマに気をとめないようすを、雲烟過眼する気持ちだと表現しました。そして、この気持ちこそ、とらわれのない、執着から解き放たれた心境だと説明したのです。

ところが、車窓にはたまに珍しい景色が飛びこんでくることがあります。ちょっと気になり、この景色が過ぎ去ったにもかかわらず、しばらく思い浮かべていることがあります。これが、とらわれであり、執着です。そして、この思いを雑念や妄念と呼びます。

たとえば、あなたが街角にいて、向こうから素敵な異性が歩いてきたとしましょう。あなたの心はその姿を映し出し、その人が通り過ぎてもまだ、その姿を思い描いていることがあります。映し出したものが心ではなく、普通の鏡なら、どうでしょう。もうその姿は映っていません。でも、人の心は不思議なもので、いつまでも思い描いているのです。これがとらわれであり、執着です。

人は、過ぎ去った出来事に、いつまでも怒ったり、悲しんだり、こだわったりして、自分の感情にふり回されやすいものです。どうすれば、とらわれから脱することができるのでしょう。——第二章では、とらわれない心のあり方や、運命にとらわれない生き方について考えましょう。

17
「とらわれない心」が、成功を引き寄せる

紙に一本の線を引くにも、
丸を画《か》くにも、
心の在り方いかんですぐ乱れがきてしまう。

『運命を拓く』

心が穏やかなときは、フリーハンドであっても、まっすぐな線を引くことができます。ところが心が乱れていると、定規を用いても、まっすぐに引けないことがあります。

今の心の状態を確かめるために、紙と鉛筆をとり出して、まず一本の直線を引き、次に丸を描いてみてください。うまく描けたでしょうか。とらわれがないときは、線に乱れがありません。

天風は、「非常に心が落ちついて、何のとらわれもないときには、かなり難しいことでも平気でやっていけますよ。ところが、心に落ちつきがないと、やさしいことでも難しくなっちまうんだ」（『成功の実現』）と言います。

ここで天風が教えていることは、何かをやるにあたって必要なのは、能力でも、技術でも、運でもない、それ以上に心のあり方だということです。

同じ仕事を、同じ人がやっても、心が乱れているときと、そうでないときでは、格段の差があります。もてる力をいちばん発揮できるのは、心にとらわれがないときです。そんなときこそ、技術と能力が最大限に生かされます。

会社が倒産したり、余命六カ月と宣告されたりした日に、まっすぐな線が引けるでしょうか。普通の状態のときは、難なく引けた一本の線。しかし、有事の際にも、まっすぐに引ける心のあり方が、何かを平気でやりとげさせるのです。

紙に一本の線を引いてみる。

執着から離れようと思ったら、
それを離れようと思わないで、
霊性本位の生活のほうへと
自分の心をふりむけていくと、
しぜーんと離れちまう。

『盛大な人生』

右の言葉の「霊性本位の生活」とは、たとえば他人の喜びをわが喜びとすることです。そんな人は、もっとも高い心境にあり、物事に執着しすぎることがありません。

天風によると、満足には次の五つの段階があります。――①本能満足、②感覚満足、③感情満足、④理性満足、⑤霊性満足です。

このうち①〜④は、満足を得ようとする欲求がさらなる欲求を生んで、これでよいという限度がありません。天風は、際限のない欲求は、やがて苦しい欲求へと変化していくと言います。

たとえば、「食べたい」という食欲のとりこになると、初めは正常な食欲を満たして楽しいけれども、いつしか太るのを気にしたり、生活習慣病を気にしたりして、その欲求を抑えようとするのは、たかが「食べたい」だけのことなのに大きな苦しみとなります。

ほかにも、「もっと刺激的なゲームを楽しみたい」という感覚満足、「愛されたい」という感情満足、「知的好奇心を満たしたい」という理性満足などを求めすぎると、足をすくわれることになりかねません。欲求の連鎖によって、苦しい欲求へと変化します。

これに対して、⑤の霊性満足だけが、いつまでも楽しい欲求です。霊性満足とは、他人を喜ばせることがうれしいという満足です。まわりに喜んでもらおうと心をふりむけると、いつの間にか、際限のない欲望から解放されています。

喜ばせることを喜びとする。

19

心身を統一したときに、本来の力が発揮できる

心身を統一するときに、
いちばん心身統一の妨害になるのは
心なんだ。

『心に成功の炎を』

肉体と精神がアンバランスなまま、生活を送っていることが多いものです。このように、心身がうまく統合されていないところから、①本能を満たしたいという欲求、②感覚を満たしたいという欲求、③感情を満たしたいという欲求、④理性を満たしたいという欲求が過剰に発生し、欲求に駆られるように生きがちです。

ここで、坐禅《ざぜん》などをして心身を統一するようになると、他人に喜んでもらうことがわが喜びであるという、霊性満足の境地に立てるようになります。天風が教え続けたのは、まさにこの境地に至ろうということでした。

「そもそも人間の生命は、（中略）霊魂を中核として、精神と肉体とが、密接不離一如《いちじょ》の状態の下《もと》に結合されて作られている」（『真人生の探究』）

と天風は語っています。この本来の姿に返ればいいだけです。ところが、実際には心身がうまく統合できていないことが多いのです。沢庵《たくあん》禅師（一五七三〜一六四五）に、こんな歌があります。

「心こそ　心迷わす　心なれ　心に心　心ゆるすな」（沢庵宗彭《そうほう》、池田《いけだ》諭《さとし》訳『沢庵　不動智神妙録《ふどうちしんみょうろく》』）

この歌は、「本能満足、感覚満足、感情満足、理性満足を追っている心こそ、霊性意識（霊魂に直属する意識で、本心のこと）を曇らせる心なのだ。だから、そういう心に、心を許してはならない」と教えているのでしょう。まさに、心身統一を妨害しているのは、心だというわけです。

心に心を許さない。

20

とらわれない心は、技をも超える

考える中に雑念があると、
いつか心のレンズは曇らせられている。

「心に成功の炎を」

天風が講演で語った、とらわれを去って命拾いした侍の話を紹介しましょう。

時は幕末・維新のころ。茶道の宗匠、聚楽《じゅらく》は両刀を差す城勤めの侍でもあり、上役から江戸《えど》の本《ほん》郷《ごう》にある加賀《かが》藩の前田《まえだ》家に茶器を届けるよう申しつけられました。近道の護持院原《ごじいんはら》を通ったとき、「近ごろ求めた新しい剣の切れ味を試したい。直れ。おとなしく斬られよ」と、屈強な浪人風の者が立ちふさがります。聚楽は、「茶器を本郷の前田さまに届けたら、必ずここに参ります」と頼み、急いで茶器を届けます。戻る途中、せめて死ぬ前に武士の心構えを授かろうと、北辰一刀流《ほくしんいっとうりゅう》の創始者、千葉周作《ちばしゅうさく》（一七九四〜一八五五）を訪ねました。ことの次第を知った周作は、「足を八文字に開き、腹に力をこめて、抜いた刀を大上段に構えて目をつぶるのじゃ。もし体のどこかに触ったなと思ったら、ダッと斬りなさい」と教えます。聚楽は護持院原に戻ると、教えられたとおりに刀を構えて、「手前も武士。お斬りなされ」と目を閉じます。じっと見ていた浪士は、「なに、刀の切れ味を試すだけのこと。相打ちは御免こうむる」と立ち去りました。

「やはり剣の心得がある者であったか」と、陰で見守っていた周作が諭します。「茶道の極意も無心。剣道の極意も無心。とらわれから離れれば、技があるとなきとは別問じゃ」と。

雑念や妄念があると、心は曇ってしまいます。曇れば、斬られるだけのこと。とらわれない心は、ときに技をも超えるのです。

剣の極意は
「変機に処する以外には、徒《いたずら》に力を入れぬこと」
である。
これが臨機応変の要訣《ようけつ》である。

『哲人哲語』

天風は、九州柳川《やながわ》藩主立花《たちばな》家の一門の出身であり、六歳から剣道の稽古を始めました。そして、のちに柳川藩に伝わる随変流を極めました。「天風」の号は、体を回転させながら剣を抜くという、随変流《ずいへんりゅう》の抜刀法「天《あま》つ風《かぜ》」に由来しています。そんな天風が好んだ歴史上の人物に、沢庵禅師がいます。禅師が柳生但馬守宗矩《やぎゅうたじまのかみむねのり》（一五七一〜一六四六）に与えた『不動智神妙録』は、まさに剣と禅を結びつけた名著です。この冒頭で、とらわれない心のあり方を教えています。

敵が斬りかかってきたとしましょう。斬りつけてきた刀に合わせようとすれば、相手の刀にとらわれます。すると、動きがおろそかになり、バッサリと斬られます。だから、相手の刀に心をとどめてはならないのです。打ちこんできた刀を見ても、どう防ぐか、どう攻めるかという思案や判断をしません。いっさいとらわれることなく、そのまま機をついて相手の刀に応じていけば、自分を斬ろうとする刀をもぎとって、逆に相手を斬りつけることができるというのです。

——斬りつけてきた刀にとらわれると、力みが入ります。人生においても力みが入り、心の力をムダ使いしていることがあります。心配、気苦労、煩悶《はんもん》などです。毎日をイライラして過ごしたり、心配ばかりしたりするのは、心の使い方を誤っているのです。そうではなく、力みを抜いて、臨機応変に処することです。心をプラスに保ち、生命力を充実させたならば、あとは伸び伸びと心を働かせればいいのです。

22
マラソンを完走するようなペースで生きる

力を入れることに重点をおかずに、
力を働かすことに重点を置く。

『哲人哲語』

つねに全力投球していると、野球で九イニングスを投げ抜くことはできません。仕事をするにも、日々の生活を送るにも、いつも全力でやっていると、逆に質が低下するものです。これは生命力のムダ使いと言っても過言ではありません。マラソンでは、力の入れ加減を誤ると、エネルギーの消耗が激しく、途中で力尽きてしまいます。

冒頭で紹介したように、天風は三十歳のときに、奔馬性肺結核を発症しました。当時の最高権威である北里柴三郎《きたざとしばさぶろう》博士の治療を受けますが、好転せず、その三年後には「座して死を待つよりも」との思いからアメリカに渡ります。結核の身には渡航許可が下りないところから孫逸郎《そんいつろう》と名乗り、救いの道を求めた旅。やがてヨーロッパに渡りますが、得るところがなく、帰郷を決意します。

その帰途、ヨーガの聖者カリアッパ師に出会い、彼に連れられて、ヨーガの里に入った天風は、そこでの修行によって結核を克服しました。もっとも、後遺症から、天風の肺の半分はつぶれて固まったような状態になっていましたが、驚くほどの健康体で、天風は低く響く声で講演をし、戸外での体操を指導しました。そして、九十二歳の天寿をまっとうしたのです。

マラソンで言えば、完走です。これは、力の使い方を心得ていたからでしょう。天風が教えたのは、①心の積極化をはかって、生命力を充実させること、②徒に力を入れて生命力をムダ使いするのではなく、力を働かせることでした。

気を散らさないで心をはっきり使う練習をしていくと、習いは性《しょう》となって、求めず、期せず、努力しなくて精神が統一するようになる。

『成功の実現』

出かけるときに、乗り物の時刻を気にしたり、忘れ物がないかと気をとられていたりすると、半ば無意識で戸締まりの作業をしがちになるものです。ガスの元栓を閉じ、電気を切り、鍵をかけて出かけたつもりでも、ふと、「戸締まりは大丈夫かな?」と。そして、いったん気になり始めると、心配になって、Uターンして再確認することになりかねません。

これは、日常的にやっていることを、慣れでこなしてしまったからです。意識が明瞭でなかったのです。天風は、

「気が散れば心のまとまりがくずれてしまう」(同書)

と注意を促しています。仕事でも、日常生活でも、日ごろ当たり前にやっていることを、気を散らさず、心をはっきり使う練習だと意識してやっていくことです。習慣は第二の天性と言われるように、やり続けていると、どんなに複雑なことに出会っても、澄み切った気持ちで、なんの滞りもなく、片っ端から片づけていけるようになります。

そうなれば鬼に金棒。心の使い方にムダがなくなります。そして、努力しなくても精神が統一するようになり、集中力が身につきます。

その結果、受験勉強でも、仕事でも、すべてにおいて能率が高まります。もちろん、「戸締まりは大丈夫かな?」と心配になるようなことは、二度と起こりません。

まずは戸締まりを意識する。

怒ったり、悲しんだり、
痛いとか、憂《う》いとかいう場合、
それを感じると同時に、握ったら放さない。
それがいけないのだ。

『運命を拓く』

天風の妻ヨシ子が亡《こ》くなったときのエピソードです。妻の枕元に座って身じろぎもせず、長年連れ添ったその顔を見つめる天風の目からは、涙がとめどなく流れていました。しばらくして、「先生、ご講演のお時間です」と使いの者が告げました。天風はひと呼吸置いて、

「ようし、行こう」

と立ち上がります。そのときには、普段の天風に戻っていました。これは、悲しむときには徹底して悲しみ切る。そして握った悲しみをパッと放して、心機転換をはかったのです。

世界的な仏教哲学者である鈴木大拙《すずきだいせつ》（一八七〇～一九六六）にも同様のエピソードがあります。大拙が二十二歳のときに、尊敬する師の今北洪川《いまきたこうぜん》（一八一六～一八九二）が急死します。このことについて、哲学者の志村武《しむらたけし》は次のように記録しています。

「先生は悲しいときには心底から悲しむ。しかし、いつまでもその悲しみにとらわれて、どうしたこうしたと、二念、三念を継ぐことはなかったのである。先生はそんな情緒的執着をはるかに突き抜けてしまっていた」（志村武『鈴木大拙随聞記《ずいもんき》』）

と。悲しいときに悲しむのは、初念です。初念では徹底的に悲しみ切る。しかし、そのあとは、二念、三念を継がなかったのです。二念を継ぐのは、その悲しみにとらわれているからです。握った悲しみを放したり、二念を継がなかったりするところに、達人のあり方が学べます。

「初念」で終わる。

25

「とらわれ」によって、心を患わない

悲しいときに、
心まで悲しむ必要はなかろう。

『成功の実現』

天風は講演で、恩師であるヨーガの聖者カリアッパ師のくだりになると、瞬間的に涙があふれました。天風にとって、過去の感動も今の感動だからです。つまり、過去とか今とか、時間的なへだたりを突き抜けていたのです。また、天風ほど、悲しむべきときに、徹底して悲しんだ人はいません。その瞬間においては、悲しみになり切りました。

にもかかわらず、天風は、右に掲げた言葉で「心まで悲しむ必要はなかろう」と言います。どういう意味でしょうか。この言葉の真意は、悲しみにとらわれるな、ということでしょう。

悲しむことは、感情が具わった人間であるかぎりは当然のこと。しかし、悲しみに執着しすぎて心を患わせてはならないということです。

あるとき、ひとりの青年が、「一日でも早く、天風先生のように、何も感じないようになりたいです」と言いました。さらに、「怒ることがあっても怒らない。悲しいことがあっても悲しまない。そんなふうになりたいです」と続けたのを受けて、天風は次のように諭しています。

「冗談を言っちゃいけない。痛いときは痛い。悲しいときは悲しい。腹の立つときは腹が立つ。が、それにこだわらないんだ。腹の立つことがあろうと、悲しいことがあろうと、瞬間に心から外してしまえばいいんだ」

と。怒りや悲しみの感情が湧いたとしても、天風はその感情にとらわれなかったのです。

瞬間に感情を心から外す。

運命よりも
心のほうの力がまさっているときには、
運命の力はいつも
心の力の配下になってしまう。

『心に成功の炎を』

仕事や人生でちょっとつまずいたくらいなのに、「どうしようもないよ。運命だったんだ」とあきらめてしまう人がいます。天風に言わせれば、「そんな簡単に運命のせいにするな」「運命だと片づけてはいかんよ」となります。では、天風は運命をどう考えたのでしょうか。

「運命というものには二種類ある。どうにも仕様のない運命を天命といい、人間の力で打ち開くことの出来るものを宿命というのである」（『運命を拓く』）

と分類しました。まず、人間の力で変えることができないのは天命ですが、「天命なんてものは、極めて僅かしかない」（同書）と天風は言い切ります。裏を返せば、人生における大半が宿命だということです。宿命とは、人間の力で打開できるものでした。つまり、人は運命に負けることはなく、運命を乗り越えていけるのです。

では、どうすれば乗り越えられるのでしょうか。——心の力が、運命よりもまさることです。天風が教えている方法は、①積極的な人生態度と、②感謝と喜びの気持ちをもつことです。この二つによって、運命を心の力の配下にすることができます。逆に、心が消極的になると、運命はどんどんつけ入ってきます。つけ入らせないよう、起こったことのすべてを喜び、すべてを感謝すれば、運命はよくならざるを得ません。

運命を感謝と喜びで迎える。

27

よくない運命にこだわらない

運命のよくないとき、
運命にこだわれば、
運命に負けてしまう。

『運命を拓く』

事業で失敗したり、大病を患ったり。――そんな困ったことが起こっても、受けとめ方次第で、危機を脱することができます。事業で失敗したことを、「うまく事業をやる心構えや方法を、天が教えてくださったんだ」ととらえ、

「このままいけば、倒産してもおかしくなかったのに、会社だけは生かしてくださった。この失敗から学んで、これから盛り返していけばいい」

と、プラスに受けとめるのです。また、大病を患っても、

「こんな生活をしていたら、病になるのも当然だ。これからは生活を改めよう」

と、天が教えてくれたことに感謝します。すると、困ったことは底を打ち、運命は好転します。失敗から学んだ事業は着実に盛り返し、数年後には前の規模を超えることでしょう。また、大病をしないばかりか、長生きすることになります。

このとき、「ツイてない」「運が悪い」とブツブツこぼしながら、そのことを恨みに思っていれば、いつまでもその運命にこだわり続けてしまいます。これでは運命を超えるどころか、さらに悪い運命に翻弄されるという悪循環に陥ります。「①運命がよくない→②運命にこだわる→③運命に負ける」というパターンを切り替えるポイントは、②です。②を「感謝と喜びの気持ちで受けとめる」ように変えると、結果として「③運命に勝つ」ことができます。

失敗に感謝する。

28
うまくいってる人は、「落ち度」からも学ぶ

そもそも
病とか不運とかというものの
原因を考えてください。
何にも自分に落ち度がなくして、
病や不運がくるはずないのであります。

『成功の実現』

右の言葉の「落ち度」とは、なんでしょうか。——よくない結果を生じさせることになった、みずからがまいた種です。

「天には我々がつかうような言葉がありませんから、事実をもってあなた方の自覚を求めるのであります」（同書）

と天風は言います。

病になったり、不運を招いたりという、よくない結果が生じたのは、天からのフィードバックだというわけです。このように、結果によって原因を調整する働きが、天にはあるのです。

最悪の場合は、死に至るという結果になります。しかし、死ぬこともなく、病ですんだ。あるいは、うまくいかなかったという不運ですんだ。

しかも、天からのフィードバックによって気づかされた。気づくことで、自分の落ち度が何かを知ることができ、ここできっぱりと原因を断ち切るためのチャンスをもらった。もし、同じ生き方を続けていれば、さらに病はくり返され、不運から立ち上がることができなかったであろう。そう考えれば、天のはからいに感謝するしかない。ありがたいことだ。

そう受けとめることができるかどうかが、試されているのです。こういう生き方を、積極的な態度と言います。積極的に生きる人は、結果から学んで、自分を変えていけます。

生じた結果から、自分を変える。

29
いい結果が欲しければ、いい種をまく

ジンクスを気にしたり、
易《えき》に依頼したり、
縁起をかついだり、
そのほか迷信的な行為をする人というものは、
結局、自分に消極的な自己暗示をかけてるんだ。

『盛大な人生』

「人は幸せになるために生まれてきたんだよ」

あやしげなセミナーのキャッチコピーです。この世に生まれてきた目的が「幸せになるためだ」というのは、耳に心地がいい言葉です。が、本当にそうでしょうか。

そもそも、生まれることに目的があるのかどうかはわかりません。が、天風を初めとした多くの覚者《かくしゃ》が語っているのは、みずからの使命や責務を果たすことが、幸福に先立つということです。神戸大学の教授を務めた、哲学者にして教育者である森信三《もりのぶぞう》（一八九六〜一九九二）は、

「幸福は求めるものでなく、与えられるもの。己の為《な》すべきことをした人に対し、天からこの世において与えられるものである」（今西恭晟《いまにしたかあき》『魂に響く108の言葉』）

という言葉を残しています。噛《か》み砕くと、「幸福は求めるものではありません。自分がしなければならないことをした人、たとえば使命や責務を果たした人に対して、そのご褒美として幸福が天から与えられるのです」ということでしょう。

本当の幸福は、しなければならないことをした結果として発生するのです。つまり、幸福は結果であって、幸福になるために生まれてきたと説くのはエゴでしょう。人は消極的になると、何かに依存したくなります。「幸せになるために生まれてきたんだよ」という甘いささやきのもとに走るのは、運命を打ち開こうという気概を捨てたのと同じです。すでに負けているのです。

甘いささやきを疑う。

30

幸せな人は、「天命」に従い、「天命」を生きている

天命に従い、
天命に処し、
天命に安住して、
何事何物にも、
心から感謝した欣《よろこ》びを持ち得る人は
実際恵まれた生涯に活き得られる幸福の人である。

『安定打坐考抄』

「日本資本主義の父」として尊敬を集めた渋沢栄一《しぶさわえいいち》（一八四〇〜一九三一）。晩年にがんの病にかかったとき、彼は病名にうすうす気づいていたでしょうが、医師に尋ねることはありませんでした。むしろ病床では、冗談めかした口をきいて、周囲をいたわっていました。

やがて九十一歳で亡くなったようすを、子息の渋沢秀雄《ひでお》は、「それは晏如《あんじょ》（安らかで落ち着いたさま）として『天命』の上に仰《ぎょう》臥《が》している感じだった」（渋沢秀雄『渋沢栄一』）と記録しています。生死のことは、天の領域です。渋沢は天に任せていたのでしょう。

「運命を統制し、天命に安住する」（『盛大なる人生』）

これは天風の運命観です。渋沢の人生は、まさに天風が言うとおり、人の力でなんとでもなる「運命（宿命）」にはみずから打ち開き、人力を超えた「天命」には安住するというものでした。

天風によれば、天命に属するものは、わずかしかありません。この世に生まれたこと。女性か男性かに生まれついたこと。老いること。やがては死ぬこと。これらは動かしようのない天命です。

今、生きている人が、天命に属していることで悩み、「この世に生まれてこなければよかった」と嘆いても、どうにもなりません。天命は潔く受け入れ、素直に従うところに、安心立命の境地が得られます。ところが、人の領域である運命＝宿命については、たゆまず、あきらめずに力を尽くし続けることです。あきらめた時点で、運命の勝ちです。

「天命」を受け入れる。

第三章

おそれない。

31
マイナス言葉を口にせず、怖れずに生きよう

どんな場合にも、

「こまった」「弱った」「情けない」

「悲しい」「腹がたつ」「助けてくれ」

なんていう消極的な言葉を
絶対に口にしないことです。


『君に成功を贈る』

人にはもともと、健康で幸せな人生を送れるだけの生命力が具わっています。生命とは、生きて生きて、ひたすら生き抜くパワフルなものです。積極的なのです。だからと言って、人の考え方も積極的であるとはかぎりません。

むしろ、消極的であることが多いのではないでしょうか。その結果、生命の内奥深くにある、誰にも具わっているはずの力（潜勢力）が顕在化することはありません。

そこで、第三章では、どうすればマイナスに対処できるかを考えます。さらに後半では、マイナスの刺激から身を守る「クンバハカ法」について見ていきましょう。

マイナス対処法のひとつは、言葉に気をつけることです。言葉は、観念に影響します。マイナスの言葉を口にすると、観念を通じて、そのマイナスどおりの結果が表れます。天風は、「こまった」「弱った」「情けない」「悲しい」「腹がたつ」などというマイナス言葉を口にしてはならないと教えます。

たしかに、「こまった」「弱った」「情けない」と言っても、その言葉によって、困った事態も、弱った事態も、情けない事態も解決するわけではありません。「悲しい」「腹がたつ」と言っても、悲しさがなくなったり、腹だちがおさまったりするわけではありません。むしろ、言えば言うほど自分が損するだけ。それよりも、積極的な言葉を口にするほうが気分がよくて生産的です。

「こまった」「弱った」「情けない」と言わない。

32

マイナスの感情をもつと、息も血液も毒に変わる

消極的感情を発作すると、
血液は即坐《そくざ》に
その色及び味《あじわ》いを変化する。

『真人生の探究』

天風は、主著『真人生の探究』のなかで、こんな実験結果を報告しています。

平素から、悲観ばかりしているAさん、怒りっぽいBさん、臆病なCさん、という三種の人たちに集まってもらい、彼らが吐いた息からつくった液体を、別々のモルモットに注射しました。すると、AさんとCさんの液体を注射されたモルモットは、数分後に苦悶《くもん》している状態となり、間もなく虚脱状態に陥りました。また、怒りっぽいBさんの液体を注射されたモルモットは、四肢の末端が麻痺《まひ》したようになり、動きがままならない状態となりました。

悲観も、怒りも、臆病も、どれもマイナスの感情です。これらの感情からつくられた液体を注射しただけで、モルモットがこんな状態になってしまうのですから、当の本人の身に悪い影響を及ぼさないはずがありません。

また、天風は、感情によって血液の色や味わいが違っていると言います。

「怒れば血が黒褐色になって味わいが苦くなる。悲しむと茶褐色になって味わいが渋くなる。『ああ、おっかないな』と思うと、丹青色《たんせいいろ》となって味わいが酸っぱくなる」(『成功の実現』)

つまり、Aさんは茶褐色で渋い血液、Bさんは黒褐色で苦い血液、Cさんは丹青色で酸っぱい血液であり、きれいな血ではありません。マイナス感情のときに、こんな血液が体内をめぐっているのです。考えただけで、ゾッとしませんか。

33
「プラスのやりとり」ができる人になる

人を憎んだり恨んだり或《あるい》は中傷したりする人は自分も又必ず他の人からそうされるという事を忘れてはならない。

『叡智のひびき』

天に向かって唾を吐くと、自分に返ってきます。これを、昔の人は「天に唾する」と戒めました。他人を害しようとして、かえって自分の身を損なってしまうという意味です。――この法則を、コンペンセーション（代償、報償）と言います。

また、昔の人は、「情けは人のためならず」と教えました。情けは他人のためではなく、いずれは巡りめぐって自分に返ってくるという意味です。「天に唾する」がマイナスのコンペンセーションだとすると、「情けは人のためならず」はプラスです。天風は、

「よき言葉、よき行いは、人の世によき影響を与えることはもちろんだが、同時に人の世によき影響を与える御本尊である自分にもよき影響を与えるんだ」（『盛大な人生』）

と言います。ところが、プラスのコンペンセーションの意義を十分に理解していても、自分の心がプラスでないと、なかなか実行できるものではありません。実際、嫉妬している相手をほめることができるでしょうか。心が貧しいとき、相手に賛辞を送れないのが人の常です。

他人に対してプラスの言動ができなくなったら、自分の心は貧しい状態にあるかもしれないと疑ってみることです。気づいていないだけで、周囲に不機嫌菌をばらまいているかもしれません。そんなときの応急処置は、自分にプラス言葉の注射をすることです。本書12で紹介したとおり、「心がどんどん明るくなっていく」という言葉はとても有効です。

自分の心の中に何かの悩みがあるならば
先《ま》づそれは「取越苦労《とりこし》」か
或は「消極的思考」かの何《いず》れかである。
故に入念に省察すべし。

『叡智のひびき』

苦労性の人は、過去のことも、現在のことも、未来のことも、すべてを苦労の種にしてしまいます。天が崩れてこないかと憂いたのが杞《き》の人であったという『列子《れっし》』の故事から、「杞憂《きゆう》」という熟語ができました。マイナスの想像力を発揮すると、この故事のように、天空ですら崩れてこないかと心配の種になるものです。天風は古歌を引いて、

「さしあたる　その事のみを　ただ思え　過去は及ばず　未来は知られず」

と、心のもち方を教えました。意味するところは、「過ぎ去ったことをくよくよ思い煩ってもどうにもなるものではない。また、これから先のことをあれこれ想像しても知れたものではない。そうではなく、今しなければならないことに集中することだ」ということ。

たとえば、食事をしていたら、食べることを楽しむのです。なのに、栄養のバランスがとれているか、食べすぎると太るのではないかなどと、いらぬ心配をしていたら、食事をおろそかにしてしまいます。食べるときには、食べるという行為になり切るのです。「おいしい、おいしい」とよく噛んで味わって食べていたら、満腹中枢が正常に働いて、食べすぎることはありません。

さて、もしあなたが悩んでいるとしたら、今の悩みは、①しなくてもいい心配をするという「取越苦労」か、②それとも「消極的思考」か、どちらかだと天風は言います。いずれにしても、今というときに集中していれば、悩んでいる暇はなくなります。

35
逆境は、心に「喜神」をもつことではねのける

つらいことを
つらいと思わず、
悲しいことを
悲しいと思わず生きなきゃ。

つらいことをつらいと思わず、悲しいことを悲しいと思わずに生きることができるのは、その心が無感動だからではありません。また、強がっているのでもありません。心のなかに、楽しむという余裕があるからです。「苦をなお楽しむの気概をもって生きよ」と天風は教えています。

逆境に遭ってもくじけないのは、この楽しむ力のおかげです。楽しむ力があれば、逆境をチャンスだと受けとめることすらできます。政財界のリーダーたちの精神的支柱として、今なお影響を与え続けている安岡正篤（一八九八〜一九八三）は、次の三つの心がけが大切だと言います。

第一に、心中常に「喜神《きしん》」を含むこと。（中略）

第二は、心中絶えず感謝の念を含むこと。（中略）

第三に、常に陰徳を志すこと。（安岡正篤、池田光解説『安岡正篤　運命を思いどおりに変える言葉』）

この第一に掲げられた「喜神」は、天風の「楽しむの気概」に通じるものがあります。

喜神の神《しん》は、神様のことではなく、精神の神と同じ意味でしょう。つまり、喜神を含むとは、心のどこか奥のほうに喜びのスピリットがあるということです。どんなに苦しいときでも、心に喜神を含んでいると、プラスに受けとめる余裕が生まれます。たとえば、上司から叱《しか》られたときでも、「叱っていただいたおかげで、新しい学びができた」と素直に感謝することができます。この心の余裕は、緊張状態のなかでも人を和ませるユーモアとなって表れることがあります。

36

「生まれつき」と考えれば、どんな苦痛も感じなくなる

生まれながらこうだと思えば、
何でもねえじゃねえか。

『心に成功の炎を』

天風の楽しむ力は、並はずれて強いものでした。その太い力がなければ、軍事探偵の職務をまっとうし、生還することはなかったでしょう。

日露戦争が勃発したころのことです。二十代後半の天風は、満州に潜入し、軍事探偵としてめざましい働きをしました。あるとき、敵に捕らえられて、七日もの間、首かせと手かせをはめられて、土牢《つちろう》に閉じこめられていたことがあります。体が自由にならないというのは、たいへんな苦痛に違いありません。ところが、天風は、このときにひとつ悟れたと言うのです。

「生まれながらこうだと思えば、何でもねえじゃねえか」（同書）

と。もともと、首かせと手かせをはめられたままの姿で誕生したと考えたら、これが当たり前の姿です。そう思えば、何でもないと言うのです。

心のもち方を変えることで、天風は、かせをはめられているという不自由から、自分自身を解き放ってしまいました。

「私は、現在生きてることを楽しんでるだけなんだ。肉体がどうあろうが、こうあろうが、そんなことは何ともない」（同書）

天風が言う「苦をなお楽しむの気概」（本書35参照）とは、こういうことです。生きている——この一線で楽しもうとするのですから、どんな逆境もはね飛ばしてしまいます。

本来の「心の世界」には、「怖れ」はない

「怒《いか》らず、怖《おそ》れず、悲しまず」こそ、
正真正銘の
心の世界の姿なんだ。

『盛大な人生』

天風によれば、人間の中核をなしているのは、霊魂でした。これは目に見えず、感覚することもできない気の凝集体であり、磨いた鏡のように清いものだと言います。そんな心から発する欲求は、他人を喜ばせることがうれしいというものです。

現代は、目に見える姿や形にとらわれて、あるいは科学的実証にとらわれて、霊の存在は認知されていません。じつは、心身がすべてだと誤認したところに、さまざまな問題が発生しているのではないでしょうか。

身と心から発する、本能を満たしたいという欲求、感覚を満たしたいという欲求、感情を満たしたいという欲求、理性を満たしたいという欲求が、次々と欲求を呼び、その行きすぎた結果として苦をもたらします。さらに心身のレベルでは、怒ったり、怖れたり、悲しんだりというマイナスの感情が生み出されていきます。こうして人間は、際限のない欲求と、マイナスの観念で身動きがとれなくなり、悩みの多い人生を送るようになったのです。

この際限のない欲求を浄化し、マイナスをプラスの観念に変える方法が、自己暗示法や、後述する安定打坐法です。これらの方法をおこなうことで、本来の自分である霊魂に気づくことができます。実相の世界では消極的なものは何ひとつありません。右の言葉である「『怒らず、怖れず、悲しまず』こそ、正真正銘の心の世界の姿なんだ」ということが自得できるのです。

38
マイナスが浮かんだら、心機転換する

事情のいかんを問わず、
怒らず、怖れず、悲しまず。
当然感情の奴隷にならない、
自分はあくまでも自己の生命の主人公である
ということを実行に移したいためであります。

『真人生の創造』

天風は、人として、してはいけないことを「三勿《さんこつ》」としてまとめました。三つの勿《なか》れということで、天風がリストアップしたのは、怒らない、怖れない、悲しまない、の三つです。

ところで、「～してはならない」とストップをかけると、これらの感情をゼロにすることだと受けとめがちですが、そうではありません。誰だって喜怒哀楽があり、心身が具わった人間であるかぎり感情は湧いてきます。天風が教えているのは、マイナス感情が浮かんだら、サッと心機転換するということです。

ついでながら、「怒らず、怖れず、悲しまず」の「怒らず」を、「おこらず」と読んでいる人をよく見受けますが、正しい読み方は「いからず」です（三勿ではなく、単独では「おこらず」と読む）。

くり返しますが、三勿とは三つの感情をなくしなさい、抑えなさい、ということではありません。感情が湧くのは自然の摂理です。ただ、溺れるなということです。

心機転換などをはかって、感情にふり回されるなと戒めたのです。もしふり回されたら、感情が主人公になって、その感情を抱いている当人は、感情の奴隷になってしまいます。たとえば、カッとなった瞬間に、見境もなく手をあげていた、というのでは感情の奴隷です。

そうではなく、みずからが自分という生命の主人公でなくてはなりません。根本的な解決は、霊性のレベルに立つことです。このレベルでは「怒らず、怖れず、悲しまず」が当たり前なのです。

感情にふり回されない。

神経過敏な人というのは、
五か十ぐらいのわずかな刺激、ショックも、
それを心に知覚せしめるときには
百、二百に誇張して感じさせてしまう。

『心に成功の炎を』

神経が過敏な人は、十の刺激を五十にも百にも拡大させてオーバーに受けとめてしまいます。これではは体がもちません。どうすればいいでしょうか。――ストレス学説を唱えたハンス・セリエ（一九〇七～一九八二）は、ストレスが胃潰瘍といった肉体的な病を生じさせることを実証したことで有名です。セリエが教えた刺激の緩和法は、黒眼鏡をかけることや、耳栓をするといった方法でした。要は、外側からの刺激をなるべく遮断しようとしたのです。

それにしても、セリエの刺激緩和法は貧弱なものです。これに先行して、すでに天風はクンバハカという高度な方法を教えていました。別名を、神経反射の調節法と言います。神経反射を調節して、刺激から身を守るのです。これは身の内側から刺激を緩和する方法です。

日露戦争で活躍した元帥の東郷平八郎《とうごうへいはちろう》（一八四七～一九三四）は、日本海海戦の際、敵の旗艦が沈没するようすをじっと見ていました。そこに敵の三十三センチ砲が指令塔の脇で炸裂《さくれつ》したのです。東郷は至近弾に気をとられました。その間に、敵の旗艦は沈没してしまいます。

このため、「一部始終を見ていた」と、報告書に書くことができなかったのを残念に思っていました。のちに、天風からクンバハカを教わったときに、「日本海の海戦のときに、もしクンバハカを知っとったらば、敵の旗艦の沈没する一部始終をゆっくり見られたでしょうがなあ」と語ったそうです。この言葉は、クンバハカへの最高の賛辞です。

うわずると、
人間の自己人格が
グーッと何パーセントかは
キャンセルされちまう。

『成功の実現』

うわずるというのは、気持ちが高ぶって落ち着きがなくなる心理現象です。外面からでもすぐにわかります。声が高くなり、うわついたような調子になるからです。うわずることを天風は、「横隔膜が上昇したことを言い現わす卑近な形容詞である」（『真人生の探究』）と表現しています。実際に、うわずると横隔膜が上昇して肩が上がってしまい、体内からエネルギーが漏れます。では、どう対処すればいいのでしょうか。天風の答えは、次の三つを同時におこなうことです。

①肛門《こうもん》を締める。

②肩の力を抜き、肩を下げる。

③下腹に力を充実させる。

この体勢を、天風は「クンバハカ」と名づけました。瓶に水を満たした状態という意味です。瓶を体、水をエネルギーに置き換えると、水を一滴も漏らさない瓶の形が、そのままクンバハカの体勢となります。この体勢をとると、体内からエネルギーが漏れないばかりか、逆に充満してくるのです。また、心は安定し、胆力ができ、くよくよしたところがなくなります。

たいてい私たちは、心の問題を心から解決しようとしますが、クンバハカは心からではなく、体から解決しようとするアプローチです。

肩があがると、横隔膜が上昇するから、
キューッと気分の中に空虚を感じるんです。
そうすると神経系統の調子を狂わしてしまうんだ。

肩が上がると、体内では横隔膜が上昇して、生命力が漏れてしまいます。同時に、怒ったり、怖れたり、悲しんだりして、心の安定を失うことになります。もしマイナス感情が支配的になったと気づいたら、肩が上がっていないかをチェックしてください。上がっていたら、肩の力を抜きます。そうすると、気持ちが安定してきます。

肩を下げるというのは、クンバハカの三条件のひとつです。クンバハカの体勢をとると、それぞれに対応する神経叢が安定します。

①肛門を締める――仙骨《せんこつ》神経叢を安定させる。

②肩の力を抜き、肩を下げる――横隔膜神経叢を安定させる。

③下腹に力を充実させる――腹腔《ふくくう》神経叢を安定させる。

クンバハカは「聖なる体勢」と言われます。甲殻類のような鎧《よろい》を着ていない人間が、もっとも自分の身を守ることができる、安定した体勢です。

このとき、力まずにリラックスした状態でおこないますが、下腹に力を充実させているので、少し下腹が膨らんだような体勢になります。有事の際は、以上の三点に加えて、

④瞬時に息を止める（止息《しそく》）

ということをやれば、完全に身を守れます。

とっさに息を止める。

42

「聖なる体勢」をとれば、暑さ、寒さから守られる

どんな寒いところへ出たからって、
「ああ、いい気持ちだ」
と思うだけで、
風邪なんかひきゃしねえよ。

『心に成功の炎を』

デパートで催されていた展覧会を見た帰りのことです。天風が駐車場で待っていると、配車係の人が、「先生、ここは寒いですから、なかに入ってお待ちください」と気をきかせました。

「普通の人間扱いをしなくてよろしい」

と言いそうになる言葉を、天風は飲みこみました。親切心には感謝するものの、クンバハカの体勢が寒暖から身を守っていたからです。

天風がクンバハカを修得したのは、ヨーガの里でした。ヒマラヤの雪解け水が流れている川で坐《すわ》るという修行があり、腰布一枚になったヨギ（ヨーガの行者）たちが無言のまま次々と水のなかに入っていきます。ある朝、天風が流れに坐っていると、聖者カリアッパ師が近づいてきて、「その体勢でよろしい」と声をかけました。

冷たい川から身を守るために、体勢は自然に防御している形になっています。本書40〜41の体勢です。この形を保持したまま、天風は聖者の前に立ち、一礼をしました。聖者は、

「この体勢こそ、もっとも神聖で、完全なる状態である。瓶に水を満たした状態だ。これができれば、猛獣や毒蛇の棲《す》み処《か》である山にも入っていくことができよう」

と厳かに声をかけました。クンバハカの修得の瞬間です。暖かいデパートからどんなに寒いところに出ても、クンバハカを心得ている天風は、風邪ひとつ引かなかったのも納得できます。

身を守る体勢を練習する。

43
ピンチになったときの「生命の力」の保ち方

自分の心のもち方さえ積極的であれば、
その心のなかにいただいた
生命の力は逃げはしない。

『成功の実現』

江戸期の話です。東海道桑名《とうかいどうくわな》（今の三重県）の渡海船が、大時化《おおしけ》に遭って遭難し、乗っていた人のほとんどが溺死したという事故があったそうです。漂流してきた溺死者を、岸辺の砂浜のうえに並べて、桑名の浜役人が検視していきます。すると、溺死者のなかに一体だけ、死相になっていないのを検視の役人は見てとり、「この沙門《しゃもん》（僧）は死んでおらぬようだ。その者の肛門を調べてみよ。必ず締まっておろうぞ」と下役人に命じます。たしかにほかの溺死体とは違って、肛門が強く締まっています。やがて息を吹き返した僧に、検視の役人は、

「有事にあって肛門を締められるなどは、未熟輩《やから》の為《な》さぬところ。感服いたした」

と声をかけると、その僧は不思議そうに、「肛門を締めることがさほどのことでございますか」

と感慨深げに話し出しました。

「愚僧は、白隠《はくいん》禅師のもとに使われております者。お師匠のもとを出発いたしますとき、何かの大事に出会いしときは、肛門だけはゆるめるでないぞと仰せられました。間もなく大時化で、船頭衆から覚悟してくだされとのこと。そのとき師の言葉を思い出し、肛門だけは締めようと懸命に行《ぎょう》念《ねん》いたし、そのまま気を失ったのでございます」

とっさに禅師の言葉を思い出して、肛門を締めたことで一命をとりとめたのです。有事の際に、エネルギーを漏らさない体勢をとったことが、この僧を救ったのです。

44

クンバハカは刺激を和らげるフィルターである

今日からは、
どんなことでも、
心に心配ごとがあったら、
クンバハカをして
ひょいっと吹き消してしまいなさい。

『運命を拓く』

筆者は二十代のころから、天風会第四代会長の杉山彦一（当時は副会長）のもとで、心身統一法の実技を指導してきました。そんな経緯があって、いつの間にか、クンバハカの体勢になる習慣が身についています。

日常のなかで、大事なところでは自然とクンバハカの体勢をとっているのです。無意識の行動なので、あとでクンバハカしていた自分に気づくことがあります。

そのころのメモを記しておきましょう。

◎クンバハカは、刺激から自分を守るフィルターである。

◎クンバハカは、体内にエネルギー（活力）をとどめ、充実させる。

◎クンバハカは、自分に冷静という名の妙薬を授ける。

◎クンバハカは、いざというとき、自分を助ける。

私たちがいる環境は、刺激の集合場です。クンバハカは、そんな環境と、自分との間にあるクッションのようなもので、刺激を和らげるフィルターの役割をします。また、瓶に水を満たすように、体内にエネルギーを満たし充実させてくれます。クンバハカをすると、心は安定し、冷静になります。さらに習慣化すれば、いざというときに、意識しないでもクンバハカの体勢がとれ、自分を守ってくれます。これらが、二十代のころの筆者が実感したことです。

無意識にできるまでやる。

45

よい方法は私すべきでない、「どしどし人に教えてやれ」

クンバハカの方法は、決して私《わたくし》すべきでない。
天風から教わったなどと
あらためていわなくともよい。
どしどし多くの人に教えてやれ。

『哲人中村天風』

国学院大学で経済学の教鞭《きょうべん》をとっていた中村至道《しどう》（一八九三〜一九六〇）が記録していたのが、右の天風の言葉です。至道は、天風の初期の門人で、まだ学生であった杉山彦一を天風に引き合わせた人物です。至道には、「哲人の足跡」「哲人の横顔」という二編があり、『哲人　中村天風』に収録されています。この本から、クンバハカに関する記述を引いておきましょう。

天風の師であり、右翼の大物として知られた頭山満《とうやまみつる》（一八五五〜一九四四）が、

「天風、あれは胆が据わってよいノー」

と言った、と記録されています。

また、元帥の東郷平八郎（本書39参照）を介して、クンバハカは海軍航空隊に伝わります。彼ら航空隊は、急降下して上昇するときにクンバハカをすると、失神を防ぐことができるとして盛んに用いたとあります。航空隊には、「クンバル」という通用語ができたそうです。

インドの独立運動家のビハリ・ボース（一八八六〜一九四五）は、

「インドでは、クンバハカは苦心して悟らなければならぬ密法である。しかるに、みなさんは天風先生からわかりやすく教えられる。うらやましい次第である」

と語ったそうです。そう言わしめるほどに、天風は気軽に教えたのです。天風の私《わたくし》しない姿がしのばれます。

ここぞのときに、クンバル。

第四章

あきらめない。

「いかなる場合にも、常に積極的な心構えを保持して、堂々と人生を活きる」ここに天風哲学の最も重点が置かれている。

『運命を拓く』

マイナスは損であるとさんざん指摘してきました。では、どうすれば、積極的に生きることができるのでしょうか。第四章では、心の態度を積極的にする方法を見ていきます。

その前に積極的ということですが、積極には、①相対積極と、②絶対積極があります。両者の違いについては、次の第五章で解説します。

簡単に説明しておくと、相対積極は、「なにくそ!」「負けるものか!」と何かに張り合おうとする積極です。これに対して、絶対積極は、「虚心平気《きょしんへいき》（心にわだかまりがなく、さっぱりしている）」「泰然《たいぜん》自若《じじゃく》（ゆったりと落ち着いて平常と変わらない）」という積極です。

天風哲学には「力だ、勇気だ、信念だ」というスローガンがあります。この三語のひとつである「勇気」は、積極の一形態と言っていいでしょう。まず、相対積極の心から生じた勇気は、苦難や困難に打ち克《か》とう、突破しよう、と力をふり絞るものです。蛮勇といっていいかもしれません。威勢はいいのですが、びくともしない壁にぶつかって、どうしようもないと弱気になります。カラ元気に終わることがあるのです。

しかし、絶対積極から生じた勇気は、本物です。どんなときでも、虚心平気でいたり、泰然自若としているのが、勇気の本当のあり方です。ただ、前へ前へと突進する蛮勇ではなく、かと言って、逃げたり、あきらめたりするような弱さもありません。

本物の勇気をもつ。

いやいやながら持ちゃ、
半紙一枚だって荷になる。

『盛大な人生』

男性が二人がかりでやっと動かせるほどの重いタンス。火事で気が動転したおばあさんが、このタンスをひとりで抱えて家から飛び出してきた、という「火事場の馬鹿力」の話があります。これは、タンスがどれほど重いかという問題ではありません。気が動転していたとはいえ、心のもち方ひとつで、人は驚くべきことを可能にしてしまうということです。

右に掲げた言葉は、半紙一枚がどれほど軽いかではありません。いやいやもてば、半紙一枚だって重いのです。その半紙は、たとえば便箋であり、別れの言葉がしたためられていたとしましょう。目を通していくうちに、たった一枚の半紙がどんどん重くなります。どれほど重いかという と、その人のうえにのしかかって、押し潰してしまうほどです。

世界は重いか、軽いか――その世界で活躍したいと頑張っている人にとっては、重いか軽いかでなく、重くあっては成功しません。世界をビュンビュン駆け巡らなければならないのですから。

夢は重いか、軽いか――その夢を実現しようと頑張っている人にとっては、重いか軽いかでなく、重くあっては実現が望めません。夢を追って、体が宙を舞わなければならないのですから。

世界を軽くし、夢を軽やかにするのは、自分の心ひとつです。世界や夢を折り紙にたとえると、あなたが思うとおりに楽しんで折ればいいのです。実現へと近づけるには、軽く感じるほうが有利です。重く感じさせるのは、悲観。軽く感じさせる力が、積極です。

軽いと考えれば軽くなる。

自分を貧弱な哀れな人間と思う考え方ほど、
およそ値打ちがなく
意味のない人生はない。

『運命を拓く』

やってやって、やり抜いた挙げ句にあきらめた、というならまだしも、ほどほどのところであきらめて、何かを成しとげたという例はありません。あきらめてしまうと、それっきり。そこからは、何も生まれません。ある大阪の経営者は、

「失敗を失敗で終わらせるから、失敗になりますのや。成功するまでやり抜いたら、失敗は失敗でなくなるもんです」

と成功の秘訣を語りました。あなたがいちばん成功してほしいと思っている人は、誰でしょうか。自分のはずです。自分があきらめないためにも、自分が自分の最大の応援団になりましょう。

◎自分に大きな役割を与える。
◎自分で自己限定の枠を突破する。
◎自分に本来具わっているパワーを喚起する。
◎自分の可能性を開発する。
◎自分を元気づける。
◎自分で自分に「喝！」を入れる。

自分が自分をあきらめてしまったら、誰も自分を応援してくれません。自分をあきらめない――そうすれば、必ず道は開けます。

自分を応援する。

あなた方の心のなかの考え方や思い方が、
現在あるがごとき
あなた方にしてるんだ。

『成功の実現』

今、考えているのは積極的なことか、消極的なことか。――第三者的に自己チェックすることを「内省検討」（巻末「解説」参照）と言います。こうして、ビクビクする感情を追放するのです。手始めに、天風がリストアップした次の十個のマイナス感情について、一つひとつチェックしてみてください。あなたに当てはまる感情はありますか。それは、どんな状況で湧きあがってきますか。

①怒る。②怖れる。③悲しむ。④憎む。⑤嫉妬する。⑥恨む。⑦悩む。⑧苦労する。⑨煩悶する。⑩迷う。

仮に、十個のマイナス感情のどれかに当てはまるものがあるとすれば、その思いが現在のあなたをつくっているかもしれません。人生は、今生《こんじょう》の一ページかぎり。この人生を楽しく、価値の高いものにするためにも、こうした感情に足をすくわれないことです。

自分のことを第三者的にふり返ってみるだけで、湧きあがるさまざまな感情から、適度に距離を置かせてくれます。もちろん、人間ですから、誰にだってこれらの感情が湧いてきます。が、湧いた瞬間には、フッと気分を転換して、プラスに切り替えることです。見方を変えれば、福の神になる。――そんな川柳があります。

「雑巾を　当て字に書けば　蔵と金　あちら福福（拭く拭く）　こちら福福」

この川柳を唱えると、イヤだと思っていた雑巾掛けすら楽しくなります。

心の態度が積極的だと、
お互いの命の全体が積極的に運営される。
反対に消極的だと、
またそのとおりに
全生命の力が消極的に萎縮せしめられてしまう。

『成功の実現』

この人生は、誰でもない、あなたを主人公にした舞台です。舞台では緊張するかもしれません。が、人生は一回かぎり。堂々と、与えられた役割を演じ切ってください。

演じるにあたって、積極的なシナリオでいくか、消極的なシナリオでいくか。——どちらを採択するかで、人生は一八〇度変わってしまいます。たとえば、病を演じるときに、消極的なシナリオをとると、どうでしょうか。天風は、

「心がもしも病に負ければ、治る病も治りはしません」（同書）

と言います。消極的なシナリオでは、萎縮した人生となり、宇宙エネルギーを受け入れる入り口はふさがれて、生命力は減少します。病が治りにくいのです。

では、積極的なシナリオをとると、どうでしょう。天風は、

「医者がさじを投げ、だんぜん治らないと決められたような病でも、心が病に打ちかっているような、積極的精神の状態であると、その病が治らないまでも、医者がびっくりするほど長持ちをするというような場合が、実際にしばしばある」（同書）

と言います。もちろん、病だけではありません。積極的なシナリオを演じると、健康で、長寿で、運命がよくなり、成功が得られます。そして、舞台のあなたは輝きを増すことでしょう。すべてが手に入ります。すべてを手に入れるには、積極一貫のシナリオを演じ切ることです。

人生を舞台と考える。

51
「その欲望にやましさはないか」をチェックする

本心良心に悖《もと》ると、
やましい観念のために
心の力は常に萎縮してしまう。

『成功の実現』

「泥棒にも、やましい心はあるの？」

「もちろん。その証拠に、真夜中に忍びこむだろう」

とはジョークですが、やましい観念が浮かんできたら、欲望が行きすぎていないか、自分の心を見つめるチャンスです。

天風によると、人間の中核をなしているのは、霊魂でした。ここから発現した霊性意識は、他人を喜ばせることがうれしいという、世のため人のためを思う気持ちでいっぱいです。また、いわゆる本心や良心は、霊性意識に具わっています。たとえば、「他人を踏みつけるように金儲けをして、バチが当たらないだろうか」と、良心が痛むことがあります。これが、本心や良心から発した「やましい気持ち」という警告です。

もちろん、欲望は生きるバネであり、必要なものです。実際、本書77に示すように、天風は欲望を肯定しています。ただ、すぎるとマイナスに転じます。欲望のとりこになって、身勝手なことをおこなおうとしたときに、やましい気持ちが湧いてくるのです。

やましい気持ちは警告であり、行きすぎ防止として必要なものです。ただ、警告が発せられたときには、やましい気持ちのために心は縮こまります。生命力が萎縮するのです。逆に言えば、生きる力を縮めてまで、本心や良心は警告しています。そうなる前の対応が必要でしょう。

52

「人としてすべき三つのこと」を実践する

どんな場合があろうとも、
正直、親切、愉快を人間のモットーとし、
人間以外の他の動物には
これだけの自覚ができないんですから。

『真人生の創造』

人としてすべきことと、してはならないことを、天風は三項目ずつにまとめました。まず、してはならないことを「三勿」と名づけ、怒らず、怖れず、悲しまず、であったことは、本書38で解説したとおりです。

続けて、人としてすべきことを「三行《さんぎょう》」として掲げました。正直、親切、愉快の三つです。

◎正直――本心や良心に恥じない行動をすることです。もちろん、嘘やいつわりを言わないことも正直ですが、これを四角四面に実行すると、人生は狭くなります。善意の嘘をつかなければならない場合もあるでしょう。つまり、「嘘やいつわりを言わないこと」という形に縛られるのではなく、霊性意識にかなった行動をすることが、正直ということです。

◎親切――中国古代の儒家である孟子《もうし》に、「惻隠《そくいん》の心」というのがあります。人をいたましく思う心ですが、これを前提として、孟子は性善説を唱えました。本心や良心から人を思う「惻隠の心」が行動面に表れたものを、孟子では「仁《じん》」と言い、天風は「親切」と呼ぶのです。つまり、親切とは、霊性意識から表れた他愛の行動です。

◎愉快――正直も親切も、霊性意識から発した行動であり、言いようのない喜びがあります。これが最高の「愉快」です。心には、本能、感覚、感情、理性、霊性というレベルがあり、どのレベルでも愉快な感情が湧きます。が、天風は、霊性レベルの愉快を最上としたのです。

最上の愉快を味わう。

心を汚すと、
造物主のお力を頂戴する受け入れ口を
ふさいだことになる。

『成功の実現』

汚れた心をきれいにする方法を紹介しましょう。――汚れた心とは、マイナスの観念要素が渦巻く消極的な心です。そんなマイナスの観念要素が潜在意識にたまると、どんなに積極的なことを考えても、いつも結果は消極的です。そこで求められるのが、潜在意識の中身をプラスへと入れ替える大掃除です。天風はこの大掃除を「観念要素の更改法」と名づけました。

◎自己暗示による大掃除　①連想暗示法――プラスの楽しいことだけを連想する、②命令暗示法――寝がけに「だんだんよくなる」などプラス言葉を注射する、③断定暗示法――翌朝、目覚めたら「よくなった」と断定する、の三つがあります。

◎他面暗示による大掃除　④積極的暗示の摂取――プラス暗示をたくさん摂取する、⑤積極的人間との交際――プラスの人とつきあうようにする、⑥積極的集団との交際――プラスの集団とつきあうようにする、の三つがあります（巻末「解説」参照）。

京《きょう》セラ創業者の稲盛和夫《いなもりかずお》が率いる経営者の勉強会に「盛和塾《せいわじゅく》」があります。その大阪の部会の方から、「うちでは、イエスかハイか即答せよ、というのが合い言葉になってるんですよ」と、聞きました。「ノー」の選択肢がないところに、積極精神とユーモアが見られます。これなどは、⑥の積極的集団との交際の事例と言えるでしょう。まわりの経営者たちからプラスの刺激を受けて心をきれいに掃除し、人生もビジネスも好転させようということでしょう。

プラスの人とつきあう。

ややもすると偉大な大我《たいが》から離れて、ただ単なる現象を対象とする小我《しょうが》に則し、日々極めて隘小《あいしょう》な範囲で活きている。

『真人生の探究』

自分を小さく見限ってしまうのは、せっかくこの世に生を受けた自分に対して、とても失礼なことです。人間にはもともと、大きく生きる力があります。なのに、肉体の力だけでこぢんまりと生きたのでは、自分をあきらめているとしか言えません。

『論語』にこんな話が出てきます。弟子の冉求《ぜんきゅう》が師の孔子に向かって、「先生の説かれる道は素晴らしいと思いますが、私には力が足りなくてついていけません」と、あきらめムードで言いました。すると、孔子はこう諭します。

「本当に力が足りない者ならば、途中で力尽きてしまうだろう。しかし、今、おまえは自分の力を見限ってしまっただけなのだ」（『論語』雍也《ようや》第六）

と。後半の「今、おまえは自分の力を見限ってしまっただけなのだ」は現代語訳ですが、訓読文を示すと、「今、女《なんじ》は画《かぎ》れり」です。女は女性のことでなく、女＝汝で「おまえ」の意味です。また、画は区画の画で、「区切る」という意味です。つまり、「おまえはもっと大きな存在なのに、どうして自分を細かく区切ってしまって、その小さな区画の範囲だけを自分だと思うのか。本当のおまえはもっと大きいのだ。自分をあきらめるな」と読むことができます。

これは、右に掲げた天風の「日々極めて隘小な範囲で活きている」という言葉に通じます。どちらも、「小さな範囲に自分を閉じこめるな」と見限らない生き方を教えているのです。

すべての感情や感覚の衝動、刺激を心でうけて、
驚き、あるいは怒り、あるいは悲しんでいただろ。
それを今度は腹でうけるようにする。

天風の軍事探偵時代のエピソードです。参謀本部から、天風のもとに剣道の達人が派遣されてきました。直新陰流《じんしんかげりゅう》六段の腕前で、暇さえあれば天風の部下たちに稽古をつけますが、誰もかなう者がいません。それから一カ月ばかり経ったころ、満州の馬賊《ばぞく》の一隊と遭遇します。相手は青龍《せいりゅう》刀《とう》をビュンビュンふり回して近づいてきます。剣道の達人は、とっさに仕込み杖《つえ》を抜いて正眼《せいがん》に構えますが、いつもと構えが違うのです。剣を突き出し、腰が引けています。

——いけない！　天風は状況を察すると、部下とともに斬りこんでいきました。馬賊を蹴散らしたあとも、実戦経験がなかったその達人は、体がこわばったままでした。死ぬか生きるかの真剣勝負では、技以上に、腹が勝敗を決めることがあるのです。実際、昔の武士は、「腹を練る」ということをやりました。武道では、腹を練っている人と、練っていない人とでは、格段の差があります。同格の腕の者が真剣勝負をすると、あとは胆力の勝負となるのです。

「心で受けるな。腹で受けるようにせよ！」

この天風の教えは、仕事でも通用します。たとえば、クレームは腹で受けます。さらにクンバハカをすれば、どんなクレームも受けとめることができるでしょう。また、判断は頭でできますが、決断は腹でやります。何かをやるにあたって、どっしり腰を据えてとり組めば、なにごともものにすることができるものです。

56

「心の置きどころ」で、すべてが天国になる

生き方ひとつで楽園になる。

『成功の実現』

ロシアの作家マクシム・ゴーリキー（一八六八～一九三六）の代表作に『どん底』があります。そこに登場するサーチンという人物が語ったセリフがふるっています。

「仕事が楽しみならば、人生は楽園だ。仕事が義務ならば、人生は地獄だ」

仕事に対する受けとめ方は、人によってさまざまでしょう。これを楽しみと受けとめるか、義務と受けとめるか。——受けとめ方ひとつで、天地の違いが生まれます。

◎失敗ではない。これから成功するのだ。

◎何も成しとげなかったのではない。何かを学んだのだ。

◎時を浪費したのではない。完成までの残りの時間が短くなったのだ。

◎完成できないのではない。もう少し時間がかかるのだ。

自分をあきらめなければ、未来は開けます。あるところに、ひとりのセールスマンがいました。彼は「百件の訪問をすると一件売れる」と固く信じていました。そんな信念をもって、彼はどんどん訪問をするのですが、そのたびに客に断られます。ところが、断られれば断られるほど、彼は笑顔になっていくのです。なぜでしょうか。——売れる確率が高まっていくからです。次への期待が膨らんで彼の表情はにこやかで、いやいや回るセールスマンの表情とは比べものになりません。結果として、彼の締結率は、いつもこのデータ内におさまっていたのです。

期待感でわくわくする。

57
心が折れそうになったら、「心の窓」を開く

暗かったら窓を開けろ。
光がさしてくる。

『盛大な人生』

誰でも一度や二度は、あきらめ、投げ出したくなった経験があるはずです。もうダメだと心が折れそうになったとき、天風は、

「暗かったら窓を開けろ」

と言います。もちろん、外を探しても窓は見つかりません。窓はあなたの心にあるからです。考えてみれば、事業が破綻しようが、仕事で失敗しようが、恋愛に破れようが、それによって太陽が明るくなったり暗くなったりするわけではありません。暗く感じたのは、自分の心です。悲観したり、嘆いたり、絶望したりしたから、目の前が真っ暗になっただけ。

暗くした当事者が自分なら、明るくするのも自分です。すべての問題の発生源は、自分にあります。また、その解決ができるのも自分自身です。

天風の「暗かったら窓を開けろ。光がさしてくる」とは、「心が暗く感じたなら、マイナスに陥っている証拠だ。そんなときは、心をプラスに切り替えろ。すると、宇宙エネルギーが注ぎこまれ、生きる力が湧きあがってくる」ということです。

心をプラスにし、積極的な人生態度で臨むと、心に光がさしてきます。光とは、宇宙エネルギーです。また、みずからの生命の内奥に潜んでいる巨大な力です。——生命の力が、みずからを救おうとして、窓が開くのを今か今かと待ち望んでいるのです。

感じても、
思わねば、
考えない。

『哲人哲語』

いかなる状況でも、即座に積極へと切り替える――これを「刹那心機の転換」と、天風は呼びました。そして、「寒殺熱殺」（『碧巌録《へきがんろく》』第四十三則）という公案をとりあげて、このことを説明しています。こんな話です。

ひとりの僧が、曹洞宗《そうとうしゅう》の開祖である洞山《とうざん》禅師（八〇七～八六九）に問いました。

僧「季節ごとにやってくる寒さや暑さから、どうしたら逃れられましょうか？」

洞山「寒さや暑さのないところへ行けばよいではないか」

僧「それはどこにありますか？」

洞山「寒いときは寒さになり切り、暑いときは暑さになり切ることだ」

寒さになり切ることが「寒殺」であり、暑さになり切ることが「熱殺」です。なり切るとは、そのことに徹するのです。寒いとか、暑いとかにふり回されると、寒さからも暑さからも逃れられません。寒いときは寒さになり切り、暑いときは暑さになり切ってしまえばいいのです。

感じても、思わなければ、考えない。――寒いとか暑いとか感じても、寒さや暑さになり切ってしまえば、あとは、寒いやら暑いやらのマイナスを考えることはありません。つまり、心機を転換すれば、ぼやくことはないのです。どんなに不満の材料が発生しても、その材料になり切ってしまえば、心は穏やかで平静です。

困った事態になり切る。

自分を知るものは賢者である。
しかし、真に自分を信じうるものは
立派な哲人である。

『心に成功の炎を』

天風はみずから「哲人」と称し、書を求められると、よく「哲人天風」と揮毫《きごう》しました。哲人とは、自分を信じ切れる人のことです。こんなエピソードがあります。

かつて、ある炭鉱でストライキが昂《こう》じたことがありました。不景気で食うにも困った鉱員たちが、何度も賃上げ要求をしては却下され、ついには暴動へと高まっていたのです。仲裁をしてほしいという相談を受けた頭山満は、天風を呼んで、その騒ぎを鎮めるよう命じました。天風は少年時代、頭山満の玄洋社《げんようしゃ》に預けられていたという経緯があります。

さっそく天風は現地に飛び、炭鉱の入り口にある橋を渡ろうとすると、橋の向こうから鉄砲を撃ってきます。そのなかを天風は突き進んでいきました。外套《がいとう》の腰のあたりをブスッと弾が貫き、ズボンの端にも弾が突き抜けます。このときの心境を、天風はのちに講演会で語っています。

「俺は今、この人間たちの気の毒な状態を救いに来たんだ。喧嘩《けんか》しに来たんじゃない。救いに来るという気持ちは真心なんだ。その人間に弾が当たってたまるか」（『成功の実現』）

正義のために行動している自分に、弾は当たらないという確信が天風にはありました。「正しいことをしてる人間に正しからざる出来事の生ずるはずはない」（同書）と。

やがて橋を渡り切ってボスに会うと、天風は、そこに積みあがっていた貯炭を叩《たた》き売ってお金をつくるように言い、ストライキを解決します。

恋をする。
めしを食う。
クソをたれる。
ひっかけば血がでる。
もう、自分の人生は現実でしか
解決がつかないんです。
あの世にいってからのことなんて、
天風哲学はだんぜん問題にしないんです。

『君に成功を贈る』

現実の世界で起こっている問題は、どこまでも「現実の力」でなければ解決できません。たとえば、宗教のようなものにおすがりしても解決しません。

では、現実の力とは、何でしょうか。恋をする、めしを食う、クソをたれる、ひっかけば血がでるという、この生命を生き、生かしている力です。なかでも自分の力がもっとも発揮されるのは、宇宙の摂理にのっとっているときです。

宇宙の摂理などと言うと、それこそ宗教におすがりしているようではないかと思われるかもしれませんが、そうではありません。宇宙の摂理にのっとって生きるときに、生命力は旺盛になって自立し、どんな問題も解決していけます。これは「おすがり」ではなく、主体的に生きるということです。逆に言えば、問題を解決できないのは、宇宙の摂理に逆らった方法で解決しようとしているからではないでしょうか。

天風が対象にしているのは、あくまでこの世です。この世の矛盾に満ちた問題を、あの世や来世をもちこむことで都合よく解決することはしません。「天風哲学は死んだ後のことなんか考えやしないもん。死んだ後というものは明日以後のことだもんね。現在ただいま生きてるこの人生というものを考えていくということが私の主義であり、主張である」（『盛大な人生』）と、天風は言い切ります。この世のことは、きっちりと現実の力で解決するのが天風の主義です。

現実の力で解決する。

第五章

ふりむかない。

61

「力の法則」を知ったら、もう、ふりむくことはない

自分の命の中に与えられた、
力の法則というものを、
正しく理解して人生に活きる人は、
限りない強さと、歓喜と、沈着と、平和とを、
作ろうと思わなくても
出来上がるようになっている。

『運命を拓く』

第五章では、「力」と「積極」について見ていきます。この二つは、天風哲学の基本です。ここを正しく押さえないと、第一ボタンをかけ損じてしまいます。——本章の前半では、生命の内奥深くに潜んでいる巨大な力について考えます。これが力の法則を知る第一歩です。後半では、力を発揮するキーワードである「積極」について見ていきます。

ところで、誰もが望んでいるのは、健康や長寿、さらには幸運や成功でしょう。これらを、あなたも手にすることができます。すでに具わっている偉大な力を発揮すればいいのです。ところが、たいていの人は、自分がもっているこの力に気づいていません。

天風が肺結核を完治させてヨーガの里から帰国したのは、大正の初めでした。帰国して間もなく、成蹊《せいけい》学園の創始者である中村春二《はるじ》（一八七七～一九二四）から依頼を受けて、天風は『心の力』の原案をつくったようです。春二の盟友・小林一郎《こばやしいちろう》（一八七六～一九四四、成蹊実務学校の教師）が文章にした『心の力』は格調が高く、ヨーガの里で「力」の偉大さに気づいた天風の感動が伝わってくるように思えます。また、潜勢力を発揮した姿として読むことができ、目が開けます。『心の力（心《しん》力歌《りょくか》）』は、成蹊学園のサイトから読むことができます。

筆者の恩師・杉山彦一は、若いころ、安定打坐法を指導したあとで『心の力』を一章ずつ音読して聞かせました。天風哲学の基本である「力」に気づかせようとしたのでしょう。

あなたには、無尽の「潜勢力」が具わっている

人の生命の内奥深くに、潜勢力（Reserved Power）という微妙にして優秀な特殊な力が何人《なんぴと》にも実在している。

『真人生の探究』

力の法則を正しく理解する第一歩が、右の言葉です。同じ意味の言葉をもうひとつ掲げます。

「人の心の奥には、潜在勢力という驚くべき絶大なる力が、常に人の一切を建設せんと、その潜在意識の中に待ち構えて居る」(『天風誦句集(一)』)

この言葉のなかの「潜在勢力」と、右の言葉の「潜勢力」とは同じもの。生命の奥深くに実在している力です。ところが、こんな偉大な力があることを、たいていの人は自覚していません。

この力を発揮すれば、健康も長寿も、そして幸運も成功も獲得できます。いえ、この力は人の一切を建設したくて、うずうずしているのです。もちろん、誰でもこの力を発揮することができます。だから、自分をあきらめてはいけません。

仕事でへとへとになる。家事をやり、ぐったりしながらテレビを見る。勉強と遊びの両立に、ぴりぴりしている。――そんな疲れた日常を営んでいると、偉大な力があることを実感できないかもしれません。しかし実際には、生命の内奥深くには「潜勢力」があるのです。この力に気づけば、作業をこなすような生き方ではなくなります。天風は、

「人間は進化向上という尊い使命を果たすべくこの世にきたのだ」(『成功の実現』)

と言い切っています。こんな大きな使命をもった人間に、偉大な力が与えられていないはずがありません。潜勢力があると確信して行動すれば、やがて自分の身において証明されるでしょう。

あると確信する。

心が無限大だというのは、
宇宙エネルギーに通じてるからなんだ。

『心に成功の炎を』

私たちが普段、日常的に使っているエネルギーには、かぎりがあります。天風はこれを「肉体の力」と呼びました。しかし、肉体の力がすべてではありません。人間の生命の内奥深くに「潜勢力」が眠っているということは、すでにふれたとおりです。

評論『アウトサイダー』でデビューしたイギリスの作家コリン・ウィルソンは、「人間には彼自身が気づいているよりもはるかに膨大なエネルギーがある。つまり人間は、『余備《よび》の生命（潜在的な眠っているエネルギー）』を貯《たくわ》えた巨大なダムを持っているのだ」（コリン・ウィルソン『覚醒への戦い』）と言い、この膨大なエネルギーを解放する鍵は、「楽観的な気分」と「内面的目的感」だと記しています。

膨大なエネルギーを「潜勢力」、このエネルギーを解放する楽天的な気分を「積極」、内面的目的感を「使命」と置き換えると、天風の教えそのものです。コリン・ウィルソンも、生命の奥深くに眠る力の存在に気づいていたのでしょう。では、人間にそのような力が与えられているのはなぜかと言うと、進化向上を現実化するためです。そのために、①体力、②胆力、③精力、④能力、⑤判断力、⑥断行力の六つの力へと分化して、理想の人生を建設しようとしているのです。

胆力とは、物事に動じない力です。わずかな刺激でビクビクするのは、神経が過敏になっているからです。腹を練ることで、何ものにも動じない胆力ができあがります。精力とは、物事を最後まで成しとげる原動力です。肉体面でも精神面でも絶倫な精力が求められます。

「胆力」と「精力」を高める。

64
「みずから助く」の精神で、ふりむかずに生きる

力の出し方を知らぬ間《あいだ》は、
他力に頼るのも一つの方法である。
しかしいったん覚え込んだら、
それから後は自助自立だ。

『心身統一哲醫學』

多くの人は、潜勢力を眠らせたままでいます。天風はこの力に気づいて、ヨーガの里で結核を克服しました。もちろん、天風にかぎらず、誰だって潜勢力を顕在化できるのです。

ところが実際は、潜勢力に気づかずにいる人が大半で、自分は弱い存在だと思いこんでオロオロし、何かにすがって生きようとします。

右の言葉のように、潜勢力の出し方を知らない間は、「他力」で生きるのもしかたがないと天風は認めています。

ですが、潜勢力を発揮する方法を知ったなら、それからあとは、どこまでも「自助自立」で生きることだというのが、天風の主張です。

◎自助――潜勢力を発揮して、自己救済し、自己実現すること。
◎自立――潜勢力を発揮して、価値高い人生を建設すること。

自助自立とは、まとめれば、自力で生きるということです。自力と言っても、「肉体の力」といった、かぎられた力でなんとかしようという「小さな自力」ではありません。そんな小さな自力は、閉ざされた自分の力だけがすべてだと驕《おご》っているのです。

そうではなく、大宇宙から無限の力が注がれていることに感謝し、より大きな視野に立って人生建設をしようという「大いなる自力」に生きることを天風は教えています。

65

「元気？」と問われたら「ハイ」と即答する

元気という気が出たときに、
人間と宇宙霊とが
完全に結びついたことになる。

『運命を拓く』

「元気かい！」と問うのが、天風のいつもの挨拶でした。元気なときは、宇宙エネルギーが注がれます。つまり、「元気かい！」という挨拶は、「宇宙エネルギーが注がれる生き方をしているかい！」という問いかけだったのです。だとすれば、何を置いても「ハイ」と即答することです。

それを、昨日は元気だったか、一週間前は元気だったか、とふり返っていたのでは勝機を逸してしまいます。たとえ昨日はしょんぼりしていても、「ハイ」と大きな声で返答すること。すると、その瞬間には、すでに元気が満ちています。一瞬、一瞬をプラスで応じ続ける――この瞬発力こそが元気そのものです。

さて、元気とは「気」ですが、天風は気について、三つの側面を考えていたようです。
①物質的基体――大宇宙はすべて気からなっている。人間の霊魂も肉体も気の凝集体である。
②エネルギー――宇宙エネルギーも、人間に内在している肉体や精神のエネルギーも、あらゆるエネルギーは気のエネルギーである。
③法則性――プラスの気は「建設」、マイナスの気は「破壊」。気が清い人は「聖人」、濁っている人は「凡人」。気が凝集すれば生じ、拡散すればなくなるなどの法則性がある。
さて、「元気です！」と答えて積極的に生きるとき、三つの側面は善循環します。つまり、宇宙エネルギーは注がれ、潜勢力が顕在化して、建設的な人生を歩むことになるのです。

大きな声で返事をする。

わずか肉体のもってる力だけで
生きていこうとするから、
何をしても丈夫にならなかった。

ヨーガの里での話です。聖者カリアッパ師は、ロバに乗って山に入り、その日の修行を終えて帰るという生活を続けていました。天風は、聖者のかたわらを歩きながら、その行き帰りで会話を交わすのです。

あるとき、天風は、

「この村の人々は、カロリーの乏しい食事だけで、よく病むことなく生きてますね？」

と質問をしたことがありました。聖者は、生き方の違いだと答え、続けて、

「私たちは気で生きている。肉体で生きていると食い物が必要になるが、気で生きているから、食い物が乏しくても大丈夫なのだ」

と教えます。また、あるとき、

「肉体で生きてるような、まぬけな生き方をしているから、おまえは患っているのだ」

と諭しました。天風はヨーガの里での修行のなかで、次第に「気で生きる」という生き方を修得していきました。

――積極的に生きているとき、宇宙エネルギーが注がれます。このエネルギーは「活力」であり、生命エネルギーを力づけます（本書124参照）。天風は、こうした新しい生き方を会得して、文明社会では治せなかった奔馬性肺結核を治癒させ、生まれ故郷に帰ることができたのです。

「私は力だ。力の結晶だ」と唱える

たとえ人生にどんなことがあっても、
自分は力の結晶だ、
という正しい悟りで
健康上の問題や運命上の問題を
乗り越えていかなければならない。

『運命を拓く』

右の言葉の底流には、天風が創案した「力の誦句」があります。前半の四行を掲げましょう。

私は　力だ。
力の結晶だ。
何ものにも打ち克つ力の結晶だ。
だから何ものにも負けないのだ。（『天風誦句集（一）』）

この誦句は「私は　力だ」で始まります。考えてみれば、「私＝力」とは奇妙なロジックですが、悟りのうえでは「私は　力だ」でなければなりません。天風がヨーガの里で潜勢力を悟った瞬間、その感動からほとばしったのが、この一言だったと思うのです。このとき、天風はみずからの潜勢力を悟ると同時に、大いなる宇宙霊と同化したのです。

肉体の力で生きているという、天風が抱いていた従来の人間観では、「私は、力をもっている」という感覚だったでしょう。決して、「私は　力だ」ではなかったはずです。

筆者は、四十歳を目前にして、阪神・淡路大震災に遭いました。瓦礫《がれき》となった街を歩いていた日のこと、この誦句が身の内から湧いてきました。そして、何度も唱え続けずにはいられませんでした。荒廃したなかで気持ちが沈んだとき、「力の誦句」が勇気づけてくれたのです。このとき筆者は、個の力を超えた、大いなる力が守ってくれているという体験をしました。

消極的な感情に対して、
これをこらえようとか、
これに負けまいとする気持ち、
これは相対的積極なんです。

『心に成功の炎を』

力を発揮するには積極的に生きることです。ところで、積極には二つの境地があります。①相対積極と、②絶対積極です。前者の相対積極について説明しましょう。

相対積極とは、「積極―消極」という関係のうえで、つねにマイナスであってはいけないと意識する積極です。平たく言えば、「なにくそ！」「負けるものか！」と張り合う積極です。張り合っているのは、自分の心に湧きあがる消極的な感情や、「あいつだけには負けたくない」というライバルに対してです。

成功をつかむには、まず、自分のなかにある弱い自分に打ち克たなければなりません。ともすれば後ろ向きになりそうな自分に対して、「頑張れ！」と励まし、「負けるものか！」と歯を食いしばって踏みとどまることは、とても大切です。また、ライバルをつくって、これと張り合うことは自分を成長させます。

このように、相手がいて張り合っている段階が相対積極です。弱い自分に克ち、ライバルに勝って、勝利をこの手でつかむんだと向かっていってこそ、思わぬ力を発揮することができます。その力とは、「強い―弱い」の土俵のうえで勝ち抜こうとする力なのです。

ちなみに天風は、積極を「せきぎょく」と発音しました。その弟子の杉山彦一もこれを受け継いで「せきぎょく」と発音し、講演では「せきぎょく的に生きよ」などと教えたものです。

真の積極心というのは、
事あるも事なき時も、
常にその心が泰然不動の状態であるのをいう。

『叡智のひびき』

「なにくそ！」「負けるものか！」と張り合う積極は、人間の成長プロセスにはなくてはならない通過点です。しかし、それはまだ、最終地点ではありません。人はもっと成長し、大きな境地に立つことができます。この最高の境地が、絶対積極です。

そこでは、ほかとの比較がありません。「積極─消極」という相剋《そうこく》を超えてしまうのです。このときに立脚しているのは、霊性意識です。本心、良心が発揮され、とらわれがない泰然自若の境地に立ってこそ、絶対積極で生きることができます。天風はこの境地を、平易な四つの言葉――尊い、強い、正しい、清い、と表現しました。

◎尊い――世のため人のために自分を使うことを喜びとします。雑念や妄念にとらわれていないところに尊さがあります。

◎強い――最大限に宇宙エネルギーが受け入れられ、生命力はもっとも強くなります。それはギラギラしている強さでなく、強固な信念に裏打ちされた本物の強さです。

◎正しい――理性を超えた、霊性の意識から本心、良心が発揮され、これを判断基準とします。正誤を見分ける理性的判断も素晴らしいのですが、理性には限界があります。

◎清い――恬淡《てんたん》としていることです。物欲や金欲などの欲望が渦巻いているときは、気が濁っています。絶対積極の気は、清く澄んだ状態です。

絶対積極の「三つ」の意味を知る

心に波風を立たせぬこと、
心が何ものにも捉われぬこと、
断じて感情の奴隷にならぬこと。

明治の後半に、天風の教えを忠実に守って、やがて命を救われることになる、ひとりの少年が生まれました。彼は生来の虚弱体質で、幼少年期は闘病に明け暮れます。高校時代に腎結核にかかり、右腎臓を摘出。その後、東大に入学するものの再発して休学。助かる道が閉ざされていたところで、天風と出会ったのです。「しばらく俺の言うとおりにやってみよ」という天風の教えを忠実に守った彼は、心の積極化にとり組みます。その結果、「心の建て直しが先ず出来て、それによってめきめきと体の強化が出来た」（安武貞雄《やすたけさだお》『積極への途』）と回想しています。後年、彼は天風のあとを継いで、第二代会長となりました。彼の名を、安武貞雄（一九〇二〜一九七九）と言います。

安武ほど天風の教えに没頭した人はいません。彼は天風の教えをしっかり受けとめようとするなかで、初めて絶対積極と相対積極の区別を導入しました。こう書いています。

「哲人（天風）の説かれる『積極』の言葉は、その時によって異なる二つの意味があると考えられる。（中略）今これを便宜上相対積極と絶対積極と分類して呼ぶことにする」（同書）

初期においては、相対と絶対の区別がなかったのです。安武は、積極を分類して、「絶対積極は我々の到達すべき最終目標であり、相対積極はそこへ達する手段であり、道程である」（同書）と整理しました。右の言葉は、安武が記録した天風の言葉です。それによると、最終目標である「絶対積極」とは、①波風が立たない、②とらわれない、③感情の奴隷にならない、ということです。

何ものにもとらわれない。

「積極思考」と「楽天主義」の違いを知る

積極という事は
余程注意を慎重にしないと
得てして制約のない楽天主義になる。

どんなことでもそうですが、正確に把握する努力をしないと、わかったつもりで終わってしまいます。なかでも「積極」は、天風哲学の重要な考え方です。「わかったつもりではダメだ」ということを、右の言葉は言っているのでしょう。具体的には、正確に理解しないと、たとえば「制約のない楽天主義」のような勘違いをしてしまうということです。

あるいはまた、マイナス面から目をそむけたり、見なかったりすることが、積極思考だととり違えている人がいます。物事には表裏があるように、プラスがあれば、マイナスもあります。両面を見据えて、全体的に判断するのが現実的なものの見方です。

また、どんなときも平然とするのが積極的な態度だとばかり、病気や失敗など、見たくないものから目をそむけて、いくら平然としていたとしても、それはご都合主義の積極です。

では、「積極」を厳密に説明すると、どうなるでしょうか。

「積極的精神とは、事あるも事なきときも、常にその心が、泰然不動の状態であるのをいうので、要約すれば、何事があろうが（中略）、心がこれを相手とせず、いいかえるとそれに克とうともせず、また負けようとも思わず、超然として晏如たることを得る状態が、天風哲学の理想とする積極心＝平安を確保しえた心的状態なのである」（同書）

これが天風がイメージした積極の理想形であり、「絶対積極」を正しく表現したものです。

わかったつもりにならない。

72
「積極的な言葉」が、プラスの環境をつくる

「暑いなあ、よけい元気がでるな」と、
こう言えばいいんだ。

『成功の実現』

普段、何気なく使っている言葉が、自分に対して絶大な感化力をもっているものです。自分がしゃべった言葉なのに、その影響下に自分がいます。

たとえば、夏、暑いときの言葉――。

「暑いなあ、やり切れないな」

と言ったらどうでしょうか。最初の「暑いなあ」は感覚であり、これはいくら言ってもかまいません。問題は、次に続く言葉です。「やり切れないな」と言った瞬間に、言った人の心はマイナスになっています。しかも、自分の耳で聞いてマイナスは倍化します。

「暑いなあ、よけいに元気が出るよ」

こう言えばいいんだ、と天風は教えます。ポイントは「感覚語＋積極的な言葉」です。

頭がズキズキ痛むときに、「頭が痛い」は感覚語であり、言ってかまいません。ここで、積極的にいくんだと強がって、「痛くないです」と我慢すれば、嘘になるのでよくありません。

強がることは決して積極ではないのです。また、「頭が痛い」に続く言葉を、「イヤだなあ」とか、「死にそうだ」などというマイナスを続けると、頭の痛みは増すだけ。それだけではありません。マイナス言葉は、周囲にまき散らす言葉の黴菌《ばいきん》です。自分だけでなく、他人にも悪影響を与えるので、自重しなければなりません。

「受けとる」には、まず心を空っぽにする

潜在意識のなかに
消極的な観念要素が
うーんとつまってるかぎりは、
何事を見ても聞いても、
積極的には考えられません。

『成功の実現』

聖者カリアッパ師に導かれて、ヨーガの里に入った天風は、いつ教えをいただけるのかと待ち続けていました。「おまえはまだ死ぬ運命にない」と、聖者は奔馬性肺結核が悪化した天風に断言していたからです。

しかし、ひたすら待ちますが、いっこうに気配はありません。意を決した天風は、聖者の前にひれ伏して尋ねました。

「おまえは助かると約束されました。いつ、その教えをいただけるのでしょうか？」

聖者は、「おまえの準備ができてからだ」と答え、水を満たした椀《わん》と、湯を運んでこさせました。そして、「このお椀のなかに湯を入れてみよ」と命じます。天風はバカバカしく感じられ、

「水が入っているうえから湯を注ぐと、両方こぼれてしまいます」

と答えました。次の瞬間、聖者は厳しく諭します。

「お椀の水がおまえだ。おまえの頭のなかには、屁理屈《へりくつ》が入ったままではないか。いくら私の教えを湯のように注いでも、おまえには受けとることはできない」

聖者が言う準備とは、水を捨てて、カラになることだったのです。頭のなかにある、ものの見方を捨てないかぎり、新しいことは学べません。――潜在意識のなかに消極的な観念要素がつまっていると、この観念が色眼鏡となって、何を見ても聞いても消極的に解釈させるのと同じです。

色眼鏡を外す。

どんな重荷も、「自分の一部」と思えば楽しくなる

心の態度が積極的になると、
はた目から見て不可能だと思われることを、
その心の強さというものが、
可能にしてしまう。

「成功の実現」

ヨーガの里で、天風は毎日六キロメートルの山道を登り、山のうえでの坐禅にとり組みました。その行き帰りに、十キログラムもある石を背負わされるのです。奔馬性肺結核に侵されている天風には、自分の身ひとつでも山道はこたえます。なのに、ひたすら石を背負って歩き、石をかたわらに置いて坐禅し、また背負って帰らなければなりません。

「なんのために石を使うのですか？」

天風は耐えかねて聖者カリアッパ師に尋ねました。無目的に思える作業ほど、つらいものはありません。しかし、聖者は、すでに目的のために使っていると答え、逆に質問します。

「健康なとき、おまえはもっと体重があったろう。そのとき、自分の体が重いと思ったか？」

病になる前の天風の体重は、今より十キログラムほど重かったのです。ハッと天風は気づきました。――背負わされていると思ったから苦痛だったのだ。石も自分の体重だと思えば、なんでもない。以前の体重に戻ったと思えばいい。それが、今ではどうだ。体を病んだだけで、石を背負うことに苦痛を感じるとは。俺の心のもち方ひとつだ、と。

この修行で天風の健康は着実に回復していきました。そして、一年半を過ぎたころには、もとの体重に戻っていました。石運びの事例は、心のもち方ひとつで、なにごとも問題ではなくなると教えています。いいえ、不可能と思えたことすら、心のもち方で可能にしてしまうのです。

75
あなたの居場所を積極精神で照らす

積極的の思考こそ、
闇を消す「光」である。

『哲人哲語』

一隅を照らすもので
私はありたい――
私のうけもつ一隅が
どんな小さいみじめな
はかないものであっても
わるびれず
ひるまず
いつもほのかに
照らして行きたい

住友《すみとも》本社で常務理事を務めた田中良雄《たなかよしお》（一八九〇～一九六四）の「私の願《ねがい》」という詩です。「一隅を照らすもの」とは、道心をもって、みずからの守備範囲を照らす人です。田中良雄は、「ささやかなる一隅であっても、もし私自身がそれを明るく照らしていなければ、その一隅が暗くなります」（田中良雄『私の人生観』）と言います。たとえ自分が受けもつ範囲が人目につかないものであっても、そこで明るく積極的に生きるなら、それは闇を消す光です。「わるびれず」「ひるまず」――そんな心の態度で一隅を照らし続けるなら、その人は絶対積極の境地にいます。

第六章

くすぶらない。

四十や五十はもちろん、
七十、八十になっても情熱を燃やさなきゃ。
明日死を迎えるとしても、
今日から幸福になって遅くないのであります。
まして若い人の胸は炎と燃えてなきゃうそですよ。

『君に成功を贈る』

天風の右の言葉には、「何歳になっても生きることを謳歌《おうか》しよう」という気迫が満ちています。この言葉を読みながら、自分には関係がないと思ったり、くすぶっていたりしては、嘘です。晩年になっても情熱を燃やし続け、死の直前まで幸せを求める——これが天風の教えの真骨頂です。天風がこの言葉を語った時期は、昭和の前半のあたりでしょう。もし現在、天風がこの言葉を語ったとしたら、十歳か、いや二十歳くらいは上乗せするのではないでしょうか。つまり、

「六十や七十はもちろん、九十、百になっても情熱を燃やさなきゃ」

と。六十や七十でも働くというのは、今や常識でしょう。どうせ働くなら、いやいやではなく、情熱を燃やして働くことです。誰の言葉か知りませんが、筆者の師・杉山彦一はよく講演で、

「四十、五十は洟垂《はなた》れ小僧、六十、七十は働き盛り、九十になって迎えが来たら、百まで待てと追い返せ」

と語っていましたが、右の言葉と通じるところがあります。

第六章では、とことん情熱を燃やし続け、決してくすぶらない生き方を説きます。具体的には、天風ならではの欲望肯定論と、願望実現法を紹介します。

どんどん欲望の炎を燃やして、理想を追い求めたいものです。そして、なんとしても自分の理想を実現させるんだと、胸を熱くこがしたいではありませんか。

百歳になっても情熱を燃やす。

欲を捨てろなんて、
そんな消極的な、できないことは大嫌いだ。

『盛大な人生』

天風は欲望を肯定しています。炎のように欲望を燃やしなさい、と背中を押しているほどです。世の教えの多くが、欲望を控えなさいとか、捨てなさいと口をそろえるなかにあって異例です。

なぜ天風は、欲望を燃やせと言うのでしょうか。

◎理由1——人は欲望や欲求を捨て去ることができないから。

大宇宙はつねに進化し、向上しています。これは、大宇宙が進化、向上したいという欲求をもっていることと同じだ、と天風は言います。大宇宙が欲求をもっているのに、その構成員である人間が欲求を捨てるなんてことはできないだろう、と。また、別の事例として、仮に欲を絶ちたいという修行者がいたとしても、「欲を捨てたいというのが欲じゃないか」（同書）と天風は指摘します。

◎理由2——天風の教えは生きることを肯定し、生を謳歌するものだから。

天風は、欲を捨ててどこに生きがいがあるのか、と逆に問いかけます。たとえば、向学心という欲求を捨ててしまって、偉い人物になった人はいません。向学心は、進化し向上したい、偉い人物になりたいという欲求そのものだからです。

ただ、間違えてならないのは、自己中心的な欲求ではなく、世のため人のためになるという欲求に、天風は高い価値を置いているということです。さらに、どこまでも燃やし続けていい欲求は、進化、向上につながる欲求、つまり世のため人のためになる欲求だということです。

自己の欲求心を
高級の方面に振り替える事を、
人生要諦《ようてい》として慎重に心すべきである。

『研心抄』

満足とは、欲求とものとが釣り合った状態を言います。たとえば、Aが欲しいときに、Aを手に入れれば、釣り合いがとれて満足が得られる、ということです。

天風によると、満足には五つの段階（本書18参照）があります。――①本能満足、②感覚満足、③感情満足、④理性満足、⑤霊性満足です。この五つには、次の欲求が対応します。――①本能を満たしたいという欲求、②感覚を満たしたいという欲求、③感情を満たしたいという欲求、④理性を満たしたいという欲求、⑤霊性を満たしたいという欲求です。

また、欲求には、低級なものと高級なものがあります。天風は、①よりも②、②よりも③と欲求は高級になり、もっとも高級なのは「⑤の霊性を満たしたいという欲求」だとしました。

逆に、低級な欲求は、一時の快楽を得たい、自分の利を求めたい、というものです。しかし低級であればあるほど、根強いものがあります。実際、欲求がひとつ満たされると、次は二つ欲しくなり、三、四、五……と、際限がありません。どんどん膨らんでいく欲望にふり回され続けます。

そこから脱出する方法として、天風が教えるのが、右の「自己の欲求心を高級の方面に振り替える」ことです。凡人も、すぐれた人も、欲求をもっています。だとすれば、欲求を抑えるのではなく、より高級な欲求へと上昇させれば、低級な欲求はコントロールされるという発想です。このように、欲求を「捨てずに、上昇させる」という現実的で、おおらかなやり方が天風哲学の魅力です。

高級な欲求に移行する。

ステージアップするには、自分を向上させること

自己向上を正しく念願しないでいて、
仕事なり、運命なりを
向上させようとすることは、（中略）
力足らずなのである。

『運命を拓く』

自己向上とは、現在の自分に満足できず、もっとすぐれた自分、もっと高い自分を目指して、伸びようとすることです。ある仕事には百の力が必要なのに、現在の力が八十では足りません。それだけの力をつけるのでなければ、仕事も運命も質が上がりません。この伸びようとする意欲を「向上心」と呼びます。

人は向上心をもつとき、生き方がおのずから創造的なものになります。たとえば、仕事においては、創意や工夫《くふう》によって仕事を発展させようという「創造的仕事観」（本書92参照）となります。このように、向上心は高級な欲求であり、どこまでも燃やし続けていいのです。

そもそも生命そのものが、進化、向上へと向かって、たゆまず前進しています。単細胞のアメーバから人類の登場へと続いてきた何十億年もの歴史は、生命がひたすら自己向上の欲求をもち続けてきたことを証明するものです。その先頭に立つのが人類です。そんな人類がわずかな欲で満足できるはずがありません。

しかし、ともすれば向上心を失うことがあります。

「自己向上の意欲の薄くなった人は、どうしても老衰を早める」（同書）

と天風は忠告します。向上心を失うと、ブレーキがかかったようになります。宇宙エネルギーを受け入れる口をふさいでしまうので、老衰が早まるのは当然でしょう。

とらえてみれば、欲望は「我が子」だった

欲を捨てろなんて、
今でさえできないと思ってるから、
インドの山の中にいるときはもっとそう思ったよ。
病をもって、熱で苦しめられて、
インドの山の中にいて、
欲を捨てろったって、
欲を捨てられるかって言うんです。

『盛大な人生』

小説家の武者小路実篤《むしゃのこうじさねあつ》（一八八五〜一九七六）の青年時代の詩に、「心中の賊　山中の賊」があります。陽明学《ようめいがく》の祖・王《おう》陽明（一四七二〜一五二八）の言葉に想を得たものです。一部を引きましょう。

山中の賊をやぶるはやすく、
心中の賊をやぶるはかたし、
と王陽明が云《い》ったそうだ。（中略）
自分は数年心中の賊をやぶるに苦心した
しかしとらえて見れば
皆我が子だった。
我にかくべからざる大事の子だった。（武者小路実篤『武者小路実篤全集』第十一巻）

山中の賊とは、山のなかに根城を構えて通行人を襲う賊のことです。では、心中の賊とは、何でしょうか。欲です。若いころ、欲を抑えるのに苦心していた実篤は、ようやく心中の賊をとらえたとき、それらはすべて「我が子」であったと驚きます。欲は、わが生命が産んだ子だったのです。

しかも、この子によって、進化もすれば向上もするという大事な子だったのです。

子を切り捨てることなんてできません。右の言葉では、ヨーガの里で修行していたころも、天風は欲を捨てなかったと語っています。欲を捨てて、果たして病に勝てたでしょうか。

81

夢の実現は、想定外の形で起こる

思うことや考えることが
叶《かな》う、叶わないということは、
それが外《そと》にあるんじゃないよ。

『盛大な人生』

誰かが、願いをかなえてくれるわけではありません。願望実現の力は、外側にあるのではなく、内側にあります。願望がかなうもかなわないも、思い方次第、考え方次第なのです。

筆者が二十代のサラリーマンのころでした。初めて天風の教えに接したとき、心の片隅で、本当に効果があるのだろうかと疑う気持ちがありました。そこで、天風の願望実現法によって願いがかなうかどうかを検証してみようと思い、三つの願望を紙に書きました。

①課長になる、②著書が出る。③家が建つ。――高級な欲求ではありません。若いころは、社会的なポジションを確立するのに懸命で、こんなレベルの欲求を抱いていました。

さて、ゴールを八年後の三十五歳に設定しました。が、五年間はまったくなにごとも起こりませんでした。むしろ、昇進が二回見送られ、通常の昇進パターンでは課長になれなくなりました。ところが、六年目くらいから、突如、歯車が回り始めたのです。最大の出来事は、社長から「企業内起業としてコンサルティング会社を立ち上げなさい」と白羽の矢が立ったことです。

課長でないと部門の責任者になれないので、スピンアウト的に課長職になりました。さらに、宣伝に必要な出版を認められ、三十五歳で著書が出るなど、三つの願いはすべてかないました。

ふり返ると、天風の願望実現法をまじめに実践するようになったのは、四、五年目からでした。それまでは、やらない日がありました。思い方に真剣味が加わってから、物事は動き始めたのです。

82
「なりたい自分」を心のなかで「動画」にする

潜在意識を活用する、特に効果のある方法は、
絶え間なく心に
映像を描くことなんだ。

『盛大な人生』

天風が教える願望実現法によって、多くの人が成功し、病を克服した人が続出しました。筆者が若いころに願望をかなえたのも、この方法です。次の手順からなります。

①想像力を応用して、心に念願する事柄をはっきり映像化する。

心のスクリーンに願望を描きます。文字ではなく、映像としてです。天風は、「実際の姿として、完全にできあがった姿にして、ありありと目に見えるように心のなかに描きゃいいんだよ」(同書)と教えます。映像を思い浮かべにくい人は、たとえば、雑誌などから願望のイメージに近い写真を見つけて、膨らませてみてはどうでしょう。

②念願する事柄をオリンピックの聖火のように絶え間なく燃やし続ける。

願望の映像化は、一回かぎりではなく、毎日、継続します。すると、結晶のように信念が固まり、「不思議以上の奇跡ともいうべきものとなって、その心に描いた映像が事実化してくるんだ」(同書)と天風は言います。もはや願望ではなく、現実として姿を現しつつあるのです。

③自己暗示法を並行して用いる。

ここで天風は秘訣を加えます。「心に映像を絶え間なく描くと同様に、自己暗示も絶え間なく反復連続しなきゃいけない」(同書)と。ありありと映像を描きながらも、「でも、できっこないよ」と足を引っ張らないために、自己暗示で信念を強固なものにするのです。

鏡を利用する自己暗示法を真剣に
実行しさえすれば、
信念はどんどん煥発《かんぱつ》される。

『運命を拓く』

願望実現法の秘訣は、「③自己暗示法を並行して用いる」ことでした。

自己暗示法のなかでも、ここでは「命令暗示法」と「断定暗示法」を使います。筆者の二十代のときの願望が、①課長になる、②著書が出る。③家が建つ、であったことはすでに書いたとおりです。たとえば、三番目の「家が建つ」については、次のような手順で、命令暗示します。

寝がけに、自分の顔を手鏡に映し出し、鏡に映った眉間に意識を集中して、「おまえの家が建つ」と小声で命じます。自信をもって命令するのがポイントです。

翌朝、目が覚めると、断定暗示法をおこないます。このとき、鏡は使いません。朝の身支度をする前に、次の要領でやります。昨晩与えた暗示を、はっきりと、確信をもって断定するのです。

「私の家が建った」と。この断定は、昼間であっても、何度やってもかまいません。

天風の願望実現法は、映像化や、自己暗示法を活用して、信念をどんどん強固にし、その信念があらゆるものを現実化させるというものでした。なので、「信念煥発法」と呼ばれています（煥発とは輝き現れること）。自己暗示法のくわしいやり方については、本書巻末の「解説」をごらんください。

天風は、「信念の方は、出たくて出たくて、うずうずしている」（同書）と言います。これを抑えているのが、マイナスの観念です。自己暗示法でマイナスを払うと、それが誘い水となって、信念の力がどんどん発揮されることでしょう。

84
心は願望を実現するための「鋳型」と考える

心というものは、
宇宙の霊が熔《と》かした宇宙エネルギーの流れを受け、
それを形あるものに造る鋳型《いがた》と
同一のものである。

心は鋳型と同じである。――これが、右の言葉の要点です。鋳型とは、熔かした金属を注いで鋳物をつくる容器のことです。心もそんな容器のようなものだと言うのです。

願望を描けば、心は描かれたとおりの鋳型になります。その鋳型に流しこまれるのは、宇宙エネルギーです。宇宙エネルギーが心の鋳型に流しこまれて、その型どおりの鋳物《いもの》をつくることを、願望実現と呼びます。このとき、二つのポイントがあります。

◎ポイント1「よい材料を注ぐ」――流しこむ材料が不足したり、質の悪い材料を注ぎこんだりすると、中途半端な鋳物しかできません。よい材料を得るには、宇宙エネルギーの受け入れ口を大きく開くことです。消極的であっては受け入れ口をふさいでしまいます。積極的な人生態度で願望実現することが、第一のポイントです。

◎ポイント2「よい鋳型をつくる」――精巧にイメージを描かないと、よい鋳型になりません。曖昧な願望であれば、わけのわからない鋳物ができます。これでは、願望がかなったのかどうかも、はっきりしません。天風は、その願望実現法=信念煥発法で、「①想像力を応用して、心に念願する事柄をはっきり映像化する」と教えています。映像化こそが決め手です。

ところが自信がなくなり、大丈夫かなと疑い始めると、鋳型は崩れてしまいます。せっかくつくりあげた鋳型を保持するのに欠かせないのが、信念です。

「理想」は、必ず「現実」になる

常に理想を明瞭にその心に描いて、
変えないこと。
しかもその理想は、
あとうかぎり気高いものであらなきゃいけない。

『盛大な人生』

理想とは、考えられるうちで最高の状態のことです。理想を心に描き、求めることで、人は向上します。つまり、立派な自分をつくるには、理想を高く掲げることです。天風は、

「理想が確実な姿で常に心にはっきりと描かれているならば、その心に掲げた理想を鋳型として宇宙霊の力は、それを常に現実につくりだすように働きかけてくれる」（『盛大な人生』）

と言います。「理想」そのものを鋳型にし、信念煥発法で鋳物をつくることは、理想どおりの自分になることにほかなりません。もし理想がないと、低レベルの欲望や欲求をかなえようとしてしまいます。そうなると、欲望のとりこになってしまうことでしょう。

中国古代に生きた孔子は、周公《しゅうこう》を理想の人だと仰いでいました。周公とは、中国古代の周《しゅう》王朝を樹立した武王《ぶおう》の弟・旦《たん》のことで、孔子は周公の行政を理想としたのです。そんな孔子が、

「久しいかな、吾《われ》復《ま》た夢に周公を見ず」（『論語』述而第七）

と述懐しています。もう久しい間、あれほど慕っていた周公の夢を見なくなったというのです。そこには、孔子の衰えがあります。裏を返せば、孔子は若いころからずっと周公の夢を見ていたのでしょう。孔子こそ、理想と信念がひとつに結びついていた人でした。そのことは、次の86のエピソードからもわかります。――孔子の言行は『論語』に描かれています。そこには人々に影響を与えた孔子の理想があります。

理想をはっきり描く。

86

信念を確固たるものにすると、それは現実になる

信念が確固不抜になれば、
つね日ごろ自分の心のなかで、
ああもなりたい、
こうもありたいと念願することが
すべて思いどおりに叶ってくる。

『成功の実現』

儒教の祖である孔子が、ただならぬ信念をうかがわせた話を紹介しましょう。

孔子の一行が、匡《きょう》の地で警備隊にとり囲まれたときのことです。とり囲まれたのは、一説に、孔子が魯《ろ》国《こく》の将軍の陽虎《ようこ》に似ており、かつて匡の地で乱暴した陽虎に間違われたためだそうです。

そのとき孔子は、

「周の文王《ぶんおう》から脈々と流れる文化は、私に伝えられている。この文化の伝統を天が滅ぼそうとするなら、私はここで死ぬだろう。しかし、天が文化を保持しようとするなら、私はこんなところで死ぬはずがない」（『論語』子罕《しかん》第九）

と泰然としています。孔子は、周公の行政を理想とし、周の創設期から流れる文化を再興しようという理想に燃えていました。そんな文化を天は滅ぼすはずがないという強い信念をもって、「匡人、其《そ》れ予《わ》れを如何《いかん》せん（匡人なんぞに、わが身を殺せるものではない）」と言い放ったのでした。――これは、鉱員たちの困った状況を救おうとして、彼らが撃ってくる弾のなかを平然と炭鉱に突き進んでいったときの、天風の信念を思い起こさせます（本書59参照）。

孔子も天風も、こんな事態で死ぬはずがないという確固とした信念があり、実際に滅びることはありませんでした。理想や信念の前に、現実は彼らに味方したのです。信念を煥発すれば、その思いどおりの現実が身の上に起こります。

87
願いは、まず心のなかで実在化させる

「実現する！」と断定したときには、
その事柄は、
霊の世界においては、もはや実在となっている。

『運命を拓く』

願いがかないにくいタイプの人がいます。そんな人は、理性や感情のレベルで願望を実現させようとしている人です。理性は疑うことを知っていますし、感情はコロコロ変わります。頭のよい理性的な人は、たいてい、

「願望実現法なんて、あやしいよ。でも、実現したら儲《もう》けものだから、いちおうやるけど」

くらいの気持ちでいます。科学的に証明できるものではなく、どこか冷ややかです。だから、実現しないのです。その人にとっては、常識的に対応していると思っているのでしょうが、常識にとらわれているだけです。

天風は、願望をかなえるには「信念を煥発する」ことが大切だと教えました。理性的な人は、最初からブレーキを踏んでいるのですから、信念が煥発されることはありません。若いころの筆者がそんなタイプでした。だから、最初の五年間はまったく実現に向けて動かなかったのでしょう。しかし、この壁を突破することです。

すぐに願望が実現する人とは、信念の人です。素直に願望を抱いている人です。『『実現する！』と断定したときには、その事柄は、霊の世界においては、もはや実在となっている」(同書)と天風は言います。実現を信じたとき、霊の世界では、すでに実在しています。あとは、現実の世界で姿を現すだけのことです。

自分を信ずる「信念」と云《い》うものを
弱めたが最後、
人生は極めて悲惨なものになる。

『安定打坐考抄』

願望実現するにも、なりたい理想の自分になるにも、信念が不可欠だということを理解していただけたと思います。ところが、人間には「物事に惑う」という性向があります。この迷いやすい性向が問題なのです。では、迷うとどんな問題が発生するのでしょうか。

◎自分がわからなくなる。

◎信念が弱くなる。

その結果は、右の言葉のように、人生は悲惨なものになると天風は言います。

そもそも「迷う」というのは、AかBかが選べない状態です。形はAのカバンがいいけど、色はBのカバンがいいといった迷いが、人生全般で起こるわけです。迷いながら生きていると、信念はどんどん弱くなり、自分とは何かがわからなくなります。いえ、信念が弱く、自分というものがわからないから、迷うのかもしれません。

そんな迷いから解脱することが、悟りです。

天風が教える迷いからの脱出法は、霊性の自覚でした。「①本能→②感覚→③感情→④理性→⑤霊性」という段階については、すでにふれたとおりです。霊性を自覚するとは、アイデンティティを最上階の霊性へと高めることにほかなりません。そうすることで、迷いから脱することができ、霊性の属性である「信念」が煥発されます。

89

どんなときも、人を救うのは「信念」である

いざ、さらんばのとき、
人を救うのは、
知識ではない、
信念である。

『哲人あの日あの時　全国版』

右の言葉を記録していたのは、杉山彦一です。この一回かぎりの人生を、納得できるように生かし切るのは信念であり、やがて訪れる「いざ、さらんば（さらば）」のときも、信念があれば安心立命の境地で眠ることができます。

杉山が三十代半ばのころのことでした。車で移動するのに、天風から同乗を命じられ、「ここに座れ」と言われるまま後部座席に座ります。天風の隣で座っていることに硬くなっていた杉山は、沈黙に耐えられなくなって、

「なぜ修行をするのですか」

と尋ねました。すると、天風は、

「信念をつくるためだ！」

と気迫のある声で答えたのです。その声は、天からの声として響き渡ったと杉山は記録しています。この一言が、その後の杉山にとって羅針盤のようになりました。こう書いています。

「信念を念頭に、心身統一法を行じてみると、心の積極化も、安定打坐も、クンバハカも、みな信念をつくる手段であることが見てとれた」（同書）

狭義には、願望実現法＝信念煥発法ですが、それだけにとどまりません。天風の教えのすべてが、信念煥発法だったのです。

神仏は「願うもの」ではなく「感謝するもの」

神や仏に求めたり願ったりしちゃいかんぞ。
神や仏というものは宇宙真理の代名詞なんだから、
これは崇《あが》め尊ぶべきものだ。

『成功の実現』

白いものが交じるようになった六十歳くらいの男性が、ひとりでよく神社に参っては祈っていました。よほどの悩みがあって、神様に願っているのだろうとまわりは眺めていました。

ある日、「何を願ってるの？」と、小学生の子どもが聞きました。

「願っちゃいないよ。神様へのお礼だよ。ありがとうございますって、お礼してるんだよ」

と答えました。その男性は、よいことが起こるたびにお礼をしていたのです。

人はみずから運命を切り開いていくことができます。また、信念煥発法によって、新たな構想を実現していくことができます。

だから、神仏に「願いをかなえてほしい」などと願う必要はありません。むしろ神仏のような大いなるものには、宇宙エネルギーを供給してくれていることに感謝し、崇め尊ぶのが筋です。

そもそも確固とした信念をもち、自分を信じている人が、神や仏に求めたり願ったりするのは、矛盾しています。

「宇宙にたった一つしかないところの実在である真理を、自分だけにいいように悪用しよう、利用しようとする。それを信仰だってのはたいへんな違いだ」（同書）

と、天風は神仏に求めることに疑問を投げかけます。——大宇宙が誰にも等しく与える宇宙エネルギーを受けとる生き方をして、あとは感謝し、お礼すれば十分です。

神仏に求めない。

第七章

おちこまない。

91

「食うために働く」のか、「働くために食う」のか

食うために働くのではなく、
働かんがために食う。

「錬身抄」

落ちこんでいても、問題が解決するわけではありません。また、相手のほうを向かず、自分の利益ばかりを考えていては、ビジネスでの成功はありません。第七章では、仕事やビジネスについて見ていきます。さらに、天風ならではの問題解決法を紹介します。

その前に、右の言葉を考えましょう。――「食うために働く」のか、「働くために食う」のか、ということです。天風は、後者こそ絶対の真理であると言い切っています。

◎食うために働く――食うためとは、生存するためです。生存するために、いやいや働くというのでは、働く喜びを味わえないばかりか、せっかく生まれてきたことをムダにしています。たとえ働く喜びがあったとしても、それが純粋に働くことに対する喜びではなく、自分のため、家族のため、出世のため、お金のためということが働く目的であれば、「食うために働く」のと、さほど変わりません。そんな働き方は、当初の目的が得られないと失望し、働きにムラが出ると天風は言います。

◎働くために食う――人間には、宇宙の進化と向上を現実のものにするという使命があり、これをおこなうことが「働く」ということです。だから、働くこと自体が目的であり、天風は「働くということは人間の生れ付《つき》の役目」(同書)だと言うのです。この観点から、現在携わっている仕事や、とり組んでいることを見直せば、働くことに新たな喜びを見つけることができます。

働くことに新たな喜びを見つける。

心の思考作用と、
宇宙を司《つかさど》る宇宙本体の
創造作用――物を産み出す力――とは、
別々に分れているのではなく、
本質的に、一つのものである。

『運命を拓く』

細かく仕事観を見ていきましょう。次の六つは、杉山彦一がまとめたものです。

①自己保存的な仕事観――自分の生活基盤をつくるために働く。

②種族保存的な仕事観――家族を養育し、家庭の幸福を求めて働く。

③欲望満足的な仕事観――あれも欲しい、これも欲しいと欲望を満たすために働く。

④金銭取得的な仕事観――なんらかの裏目的があり、そのためにお金が必要なので働く。

⑤社会的仕事観――社会人の責務を果たし、世のため人のために役立とうと働く。

⑥創造的仕事観――創意と工夫《くふう》と努力によって、仕事を発展、成就させるよう働く。

ここで、天風の「食うために働く」のか、「働くために食う」のかで分けると、①～④は「食うために働く」に入ります。⑤、⑥は「働くために食う」に分類されます。

さて、宇宙は進化と向上へと向かっています。人も、⑥の創造的仕事観で働くとき、進化、向上と同調するように創造性を発揮することができ、しかも自分の能力を最大限に生かせます。

ところで、人はどれかひとつの仕事観だけで働いているのではありません。誰もが複数の仕事観を抱いているものです。あるいは、すべての仕事観をもっているかもしれません。杉山は、①から⑥のすべての仕事観を肯定しています。どれも必要なものです。そのうえで、⑤社会的仕事観や、⑥創造的仕事観のウエイトを高めることを勧めているのです。

93
見方を変えると、つまらない仕事もおもしろくなる

創造の生活とは、常に
「人の世のためになることをする」
ということを
目標とする生活なのである。

『真人生の探究』

同じ仕事であっても、仕事観が変わるだけで、そのあり方は一変します。たとえば、織田信長《おだのぶなが》の草履取りをしていた木下藤吉郎《きのしたとうきちろう》（一五三七〜一五九八、豊臣秀吉《とよとみひでよし》の小者《こもの》のころの名前）は、厳寒の冬に、主君の草履を懐で温めました。そして、温かい草履を信長の足もとに差し出したというエピソードに、藤吉郎の仕事ぶりが表れています。

そこには、①主君のために――社会的仕事観、②草履を懐で温める――創造的仕事観が見られます。ほかの仕事観では、こんなアイデアは生まれません。本来、草履取りの仕事は単調です。しかし、仕事観を変えると、単調な仕事にも創意工夫《くふう》の知恵が生まれます。

ある会社の重役は、仕事で月に何度か東京－大阪間を新幹線で往復していました。この重役がふと気づいたことがあります。いつも新幹線の席から富士山《ふじさん》が見えるのです。重役は、チケットの予約をした女性秘書に尋ねました。すると、

「私の父はサラリーマンで、よく出張しておりました。父は出張のたびに、富士山が見えると心が休まると言っておりましたので、努めて富士山が見える席を予約いたしました」

と答えます。この秘書は、お金を得るために創意工夫したのではないでしょう。上司の旅の快適さを思ったのです。世のため人のためを考えると、創造的な仕事になります。そして、結果として、高い評価や思わぬチャンスへとつながることがあるのです。

94

「仁義」を忘れなければ、どんな逆境にも耐えられる

人を喜ばせて、
自分がまた、その人とともに喜ぶということが
いちばん尊いことなんだ。

『盛大な人生』

右の天風の言葉を、企業経営に置き換えると、お客の喜んでいる顔を見るのがうれしいということでしょう。しかも、お客の満足した笑顔が、利益以上の価値を生むのです。

日本に資本主義を導入した、明治の偉大な指導者である渋沢栄一は、

「仁義を根本にして商工業を営めば、あえて争うがごとき事をせずとも、利はみずから懐にはいってくるものである」（渋沢栄一『処世の大道』）

と言います。「仁義」は儒教道徳の根本理念です。「仁」とは、他人を思いやり慈しむ心であり、「義」とは人として守り、おこなうべき正しい道のことです。渋沢は、お客を思いやり、正しい商道をおこなうという「仁義」を経営の根幹に据えれば、結果として利益は上がると考えたのです。愛読書の『論語』を経営の指針にした渋沢ならではの考え方でしょう。

逆に、経営の目的を利益の追求に置くと、利益至上主義となって、一歩踏み外すと不祥事を起こすことにもなりかねません。

順調に利益が上がっているときは、仁義の経営をおこなうことは、さほど難しいことではありません。しかし、経営状態が悪化しても、仁義を据えた経営を通せるかが問題です。なりふり構わず金策に走り、仁義を忘れて一時的に状態がよくなっても、あとが続きません。どんな状況でも泰然としていることが、絶対積極でした。経営者の肚《はら》が問われます。

95
苦しいときは、「自然の摂理」に立ち返る

人間は、恒《つね》に宇宙原則に即応して、この世の中の進化と向上とを現実化するという、厳粛な使命をもってこの世に生れて来た。

『真人生の探究』

人間は使命をもって生まれてきた。その使命とは、宇宙の摂理に即応して、この世に進化と向上をもたらすことである。――これが、天風が右の言葉で語っていることです。

このことは、社会の公器である企業においても通用します。個々の企業には個々の使命があるにしても、大きくとらえると、企業の使命は、社会の進化と向上に貢献することでしょう。

天風にも相談したことがあるパナソニック（旧松下《まつした》電器産業）創業者の松下幸之助《こうのすけ》（一八九四〜一九八九）は、「順応同化の精神」を経営理念のひとつに掲げ、

「進歩発達は自然の摂理に順応同化するにあらざれば得難し、社会の大勢に即せず人為に偏する如《ごと》きにては決して成功は望み得ざるべし」

と説きました。意訳しておきましょう。

「企業の使命とは、自然の摂理に順応同化して、進歩と発達をもたらすことだ。社会の大きなニーズに即することなく、人為的にねじ曲げようとすると、本来の使命を果たすことができないばかりか、失敗するものだ」

企業は生き物です。苦しい経営環境下では弱気になることがあるでしょう。しかし、天風が言う「積極」でなければ、進歩、発達の使命を果たすことも、生き残ることもできません。積極とは、無謀なことをするのではなく、自然の摂理に順応同化し、「当たり前」をおこなうことです。

96
先に感謝すると、本当に喜ばしいことが起こる

喜びを先に感じなきゃ損じゃないかと、
こういうふうになるからいけないんだ。

『盛大な人生』

駅のトイレに入ると、「いつもきれいに使っていただいて、ありがとうございます」と貼り紙をしていることがあります。これは、先にお礼を言うことで、きれいに使っていただくことを期待しているのです。また、朝、「おはよう」と声をかければ、「おはよう」と挨拶が返ってきます。相手の挨拶を期待しているのです。――このように、何かを期待して、先に行動を起こすという発想が、天風にもあります。

「あなた方は喜びを感じると感謝する。ああ、ありがとう、と。天風のほうは違うんだ。感謝のほうを何ものにも先に支払っておきゃ、自然と喜びはくるというんだ」(同書)

普通の順序では、「喜びを感じるから、感謝する」となります。天風は、この順序を逆転させました。「感謝するという結果を先にやってしまうと、その原因である喜びがあとからやってくる」ということです。

じつは、駅のトイレや「おはよう」の挨拶の事例をもち出すまでもなく、この考え方は古くから日本人に根づいていました。農耕儀礼のひとつとして、予祝行事《よしゅくぎょうじ》と呼ばれるものがあります。秋の豊作を祈って、あらかじめ期待する結果＝豊作を、模擬的に表現するとそのとおりの結果が得られる、という考え方です。お花見も本来、桜に宿った穀物の神様を前に、秋の豊作を先にお祝いし、神様に感謝する予祝だったそうです。

この仕事は
儲《もう》からないと思えば儲からないし、
損するだろうなと思えば損するし、
儲かるぞという信念をもてば儲かると、
こういうわけなんだ。

『盛大な人生』

マーケティングを学ぶとき、よくケーススタディとして出される、こんな話があります。

あるシューズメーカーでは、市場開拓のためにアフリカのとある新興国に目をつけました。そして、市場調査のためにセールスマン二人を派遣しました。ところが、現地では靴を履く風習がなく、すべての人が裸足《はだし》で歩いていたのです。それを見たひとりのセールスマンは、

「ここでは靴は売れない。なぜなら人々はみんな裸足で歩いているから」

と受けとめました。もうひとりのセールスマンは、次のように考えました。

「この市場は無限大の可能性がある。なぜなら人々はみんな裸足で歩いているから」

ここで注目したいのは、二人はまったく正反対の結論でしたが、その理由として「人々はみんな裸足で歩いているから」と同じ情報を使っていたことです。情報が同じなのに、結論が違うのは、二人の考え方が違っていたためです。最初のセールスマンは、靴を履く習慣がない人々に、靴の需要はないと考えたのです。別のひとりは、靴を履いていない人々に靴を履く習慣を根づかせることができれば売れると考えたのです。

天風が言うように、「儲からないと思えば儲からない。儲かると信念をもてば儲かる」ということです。同じ仕事であっても、考え方ひとつで、チャンスにすることができるし、ピンチにもなります。現実をつくるのは、考え方ひとつです。

先に相手を利すると、あなたもみんなも儲かる

金儲《かねもう》けをするつもりになるな、
損をしないつもりでやれ。

『心に成功の炎を』

天風に相談をしようと、アメリカのヨットの販売企画を立てている男がやってきました。昭和四十年代初めのころの話です。彼は、

「この商売が日本で成功するかどうか、先生の霊感で教えていただけませんか？」

と願い出ます。それはおまえのやり方ひとつだ、と天風は答えたうえで、

「金儲けするつもりになるな。損をしないつもりでやれ。最初の二、三年は、日本の青年たちにヨットの楽しみを安価で与えてやろう、という気持ちで商品を提供するんだ」

と教えます。男はそろばんをはじいて、これだけ安くしても、まだ利益が出ますと答えると、

「その儲けの六、七割は、エージェントにやって儲けさせてやれ」

と天風。そのとおりに販売したところ、驚くほどの売れ行きとなりました。男は大喜びで、「先生は儲けるなとおっしゃるけど、儲かってます」と報告します。天風は、「今年、来年の二年間は儲けるな。どんどんエージェントにやってしまえ」とアドバイスをくり返します。

すると、さらに輪をかけたように儲かり始めたのです。損をしないつもりでやるとは、まわりの人々に儲けてもらうということです。その結果、自分こそが儲かりました。もし儲けようとして、利を自分のほうに手繰り寄せたら、ヨットは売れなかったでしょう。しかし、利を相手のほうに押し出したところ、相手にはね返るようにして、利は男に入ってきたのです。

まずは「利」を相手のほうに押し出す。

どこまでもまず人間をつくれ。
それから後《のち》が経営であり、
あるいはまた事業である。

『成功の実現』

パナソニックの創業者の松下幸之助は、人間づくりに重点を置きました。有名なエピソードに、「『松下は何をつくっている会社か』と聞かれたら、『松下は人をつくっている会社です。あわせて電気製品をつくっています』と答えよ」という話があります。幸之助は、『大学《だいがく》』や『中庸《ちゅうよう》』などの中国古典を読ませるなど、ビジネススキルだけでない全人的な人間教育をおこないました。「企業は人なり」という言葉はたった六字ですが、その深さは底が知れません。優秀な経営者を十人選んで、この言葉について語ってもらうと、十色の深い話が聞けることでしょう。

右の天風の言葉である「どこまでもまず人間をつくれ」とは、ビジネススキルの高い人材をつくれという意味ではありません。積極的な人生態度をもった、人間力のある魅力的な人材をつくれということでしょう。これが天風版の「企業は人なり」です。

昭和四十三年（一九六八）九月、東京の護国寺《ごこくじ》にある新装したばかりの天風会館で、経営者だけを集めて、天風にとって最後となる二泊三日の訓練会が開かれました。天風は心魂を傾けて、畢生《ひっせい》の指導をしました。最後に、参加した経営者の一人ひとりの手を握り、

「みんなは少なからぬ人を使う立場にある人間だ。どうか、後進たちをしっかり指導してほしい」

と日本の将来を託し、その数カ月後に九十二歳の天寿をまっとうしたのでした。

100

「本心、良心」を仕事のよりどころにする

雑念、妄念があるかぎり、本心、良心はでてこない。

『盛大な人生』

経営者というのは、孤独であり、決断すべきことがどんどん発生してきます。事業がうまくいっていないときは、どうすればこの窮状を脱するかを判断しなければなりません。逆にうまくいっていても、さらに成長のための投資をするかどうかの決断を迫られます。ここを読み誤れば、企業を倒産の危機に追いやってしまうことになりかねません。

こんなとき、心に雑念や妄念が渦巻いて、濁ったままであっては意思決定を誤ります。かつて京セラ創業者の稲盛和夫は、電気通信事業が自由化されたとき、新しい電話会社を設立して新規参入しました。

じつは参入するかどうか、稲盛が最後の判断基準にしたのは、この事業に乗り出す動機は善か、私心はないか、ということでした。つまり、この事業をやることが世のため人のためになるか、名誉欲などの利己的な動機のためではないかを、何度もみずからの心に問い続けたのです。

このときに問われた心とは、どんな心でしょうか。本心、良心です。しかし、雑念や妄念が本心、良心をとりまいていると、その声は聞こえません。天風は後述する安定打坐法などを教え、絶対積極の澄み切った心になることが大切だと説きました。多くの人や事業を預かっている経営者は、とらわれのない本心、良心の声を経営判断の最後のよりどころとして、正々堂々とした経営をおこなっていかなければなりません。天風の教えが求められるゆえんです。

「本心、良心」の声を聞く。

101

七転びしても、八起きできる力をつける

人を頼りにして事業を行っていると、七転び八起きをして立ち上がるときに、うまく立ち上がれない場合が多い。だから、できるだけ自分の力を充実させてから事業を行うことが大切である。

『哲人あの日あの時　全国版』

大学卒業後の進路について悩んでいる青年がいました。どこかの企業に就職しようか、それとも独立して仕事を始めようか。――仲介者がいて、天風に相談することになったのです。

青年の話を聞き終えてから、天風は、こう切り出しました。

「人生は七転び八起きである。会社の事業も同様に七転び八起きである」（同書）

人生と同様で、どんな会社も壁を乗り越えて成長し、現在の姿になっています。つまり、七転びの苦難があることは、人でも、会社の事業でも同じです。大事なことは、八起きできるかどうかです。転んだときに、立ち上がる力があるかどうかです。

まず、どこかの企業に勤めて、社会人として一人前の力をつけて、それから独立しなさいというのが、天風から青年に向けてのアドバイスでした。続けて、右の言葉で締めくくったのです。この言葉の要点は、「人を頼りにしていると、転んだときに立ち上がれない。そうではなく、自力で立ち上がれるだけの力をつけよ」ということです。

おそらく天風は、青年の進路相談を聞きながら、彼がどこか人頼りしているという甘さを見抜いたのでしょう。人も、事業も、自助自立の精神（本書64参照）が大切です。

青年はその後、大手商社に入社して営業の仕事で底力をつけ、やがて税理士として税務会計の仕事に携わって成功したそうです。

自力で立ち上がる。

相手を変えるより先に、自分の心を変える

失望や落胆をしている気持ちのほうを
顧みようとはしないで、
失望、落胆をさせられた出来事や事情を
解決しようとするほうを先にするから、
いつでも物になりゃしない。

『心に成功の炎を』

神戸に住んでいる筆者は、かつて阪神・淡路大震災に遭い、一緒に被災した地元企業からの経営コンサルティングの依頼がパッタリ途絶えました。そして、これからどうやってめしを食べていけばいいのか、見通せなくなりました。

なんとかこの事態を乗り越えようと、すぐに浮かんだ解決策は、被災していない中部地方や関東地方で顧客開拓することです。そのとき、右に掲げた天風の言葉を思い出したのです。天風が教えているのは、外側に起こった問題の解決を急ぐよりも、まず先にやるべきことがあるだろう、それは「失望や落胆をしている気持ちのほうを顧みなさい」ということだったのです。

問題が起こって困ったときは、気持ちは沈み、落胆してマイナスになっているものです。こんなマイナスの気持ちのままで、いくら外側に起こった問題の解決をはかろうとしても、うまくいくはずがありません。焦った顔つきで顧客開拓をしても、逆に客は離れていくばかりでしょう。「頑張ろう」と気力を奮い立たせても、それは、相対積極でしかありません。たしかに、相対積極はプラスの心ではありますが、この場合はマイナスの心の裏返しと言えるものです。

フラフラしている人間が、いくら問題解決へと立ち向かっても、解決のプロセスで発生する苦難にへこたれ、抜本的に解決していくことはできないでしょう。そう気づかされた筆者は、心を立て直すことから、この難局に立ち向かいました。

まず自分の心を立て直す。

103
「思考のレベル」を高めることが、最強の解決策

腹を立てりゃ、
ものが解決しないばかりでなく、
自分の生命を弱らすような毒素が生じてくる。

『心に成功の炎を』

困った問題に対して解決していくことを、問題解決といいます。前項でもふれたように、筆者は阪神・淡路大震災に遭って、地元企業からの依頼がパッタリ途絶えました。

このような問題が発生すると、普通は次のように解決を進めます。①まず複数の解決案を出します。単純に思いつくのは、被災していない中部地方や関東地方で顧客開拓することや、別の仕事をして復興を待つことなどです。②次に、案出したなかからいちばん有効な案を選んで実行に移すといった手順です。これを、理性レベルの問題解決法と呼ぶことにしましょう。

これに対して天風が教えるのは、霊性レベルの問題解決法です。問題が発生したときに、心が慌てていないかを省みるのです。すると、動転している心こそが問題だと気づかされます。江戸後期の水戸学《みとがく》の指導者である藤田東湖《ふじたとうこ》（一八〇六～一八五五）は、黒船《くろふね》がやってきたときに、「国難襲来す。国家の大事といえども深慮するに足らず。深慮すべきは人心の正気に足らざるにあり」と語りました。つまり、深く考えるべきは、黒船の襲来ではなく、そのことで正気を失っている人々の心だと説いたのです。

さて、最悪なのは感情レベルでの対応です。うまくいかないことが発生すると、くよくよと悲観したり、逆にイライラして怒り出し、誰かに当たり散らしたりします。これでは問題はこじれるばかりです。天風は、怒ると血液は黒褐色に変化し、その味わいは渋くなると指摘しています。

104

現実世界の問題は、現実的な手段で解決できる

現実はどこまで行っても、
現実の力以外のものでは解決はできない。

『盛大な人生』

現実の世界で起こっている問題は、現実の力でなければ解決することができません。たとえば、宗教のようなものにおすがりして、祈って解決しようとするのは現実の力ではない、と天風は言います。では、現実の力とは、どのようなものなのでしょうか。——それは、信念です。

天風はヨーガの里での絶えざる修行によって、彼を悩ませていた肺結核が少しずつ癒えていきます。その大きな要因は、信念が強固になったことでした。

「病を治そう。病に負けるものか」

と対抗しているうちは、まだまだ相対的な積極です。心のどこかに、「回復しないかもしれない」という消極的な気持ちが隠され、この弱い気持ちに打ち克とうとしている状態です。これに対して、信念でびくともしなくなった天風の心のなかは、

「ピンピン丈夫な状態であったときのことだけしか頭にでてこない」(同書)

というものでした。ピンピンした健康な自分を思い浮かべているときの天風の体には、熱が出ていたりしました。そんななかにあっても、元気なイメージしか浮かばなかったところに、信念の力が働いていたのです。言い換えると、これは病を忘れている状態です。

ピンピンしているという理想を描いたうえで信念煥発法を用いたことで、病という問題は解決されました。信念とは、どこまでも人を生かす現実の力なのです。

およそ人生の一切の事件は、
ほとんどそのすべてが
自己の心の力で解決される。

「心に成功の炎を」

重大な問題が発生したときは、誰だって慌ててしまいます。気持ちがうわずり、マイナスのままで問題に立ち向かったり、強がったりして見せかけのプラスで解決しようとしたのでは、普通ならなんとかなることでさえ、こじらせてしまいかねません。

禅の大家である一休宗純《いっきゅうそうじゅん》（一三九四～一四八一）は、臨終に際して、

「この遺言状は将来、この寺に大きな問題が起こったときに開け。それまでは読むな」

と言い遺《のこ》して八十七歳の生涯を閉じます。その教えは代々守られていき、決して開かれることはありませんでした。一休の遺言状を開いたのは、死後百年が経過してからです。解決策を期待して開いた遺言状には、

「なるようになる、心配するな」

と一言。拍子抜けの言葉に笑ってしまいながらも、心をプラスに立て直させる力が、この遺言状にはあります。慌てていては、解決するものも解決しないからです。——起こった問題そのものよりも、起こった問題に舞いあがって感情的になっている心こそが、じつは問題なのです。

問題に対しては、プラスの心で解決していくことが大切です。右の言葉にある「心の力」——これを、意志や信念と受けとめていいでしょう。意志や信念が働いているとき、人は絶対的なプラスの境地に立っています。虚心平気の心境で立ち向かっていきたいものです。

第八章

ふりまわされない。

106
天風が工夫した、最速で悟りに達する方法

あわてふためくから、
ふり回されちまうんだ。

「心に成功の炎を」

第八章では、天風が創案した「安定打坐法」と「真理瞑想行」を解説します。あわせて、どうすればふり回されない生き方ができるか、見ていきましょう。

◎安定打坐法——別名として、天風は「ヨーガ式坐禅法」、または「天風式坐禅法」と呼びました。安定打坐法は、ブザーやおりんを鳴らして、その音が途絶えた瞬間に「無我無念」を体験しようとする坐禅法です。目的は、雑念や妄念などにふり回されないように、絶対積極の境地を修得することにあります。そもそも、ふり回されるとは、迷っているということです。そんな迷いから解き放つのが、安定打坐法です。では、この坐禅法をおこなうと悟れるのかというと、そうはいきません。悟りは、次の真理瞑想行によって得られます。

◎真理瞑想行——天風が「瞑想」と言う場合は、真理瞑想行を念頭に置いています。別名として、「天風式瞑想行」と呼んでいいでしょう。実際には、安定打坐法をおこなって雑念や妄念を払ったあと、続けて真理瞑想行をおこないました。主に、ヨーガの里で悟った「真理」を説いたのです。その内容は、『運命を拓く』（原題は『天風瞑想録』）に記録されています。

ところで、安定打坐法のあと、続けて真理瞑想行をおこなったのは、なぜでしょうか。おそらく天風は、「理入《りにゅう》」と「行入《ぎょうにゅう》」を意識していたのでしょう。これらについては後述しますが、理入と行入が補い合うことによって、最速で悟りへと至ることができるのです（巻末「解説」参照）。

107

「覚者の悟り」と「受け手の悟り」

悟りというのは、
自分の心が真理を感じたときの
心の状態をいうのである。したがって、
真理を、自分の努力で自分の心で感じるのも、
人の悟りを耳から聞いて
自分の心に受け入れるのも、
受け入れ方に相違があるだけである。
受け取ってしまえばその結果は同じである。

『運命を拓く』

右の言葉を、箇条書きにしておきましょう。

①悟りの定義――悟りとは、真理を感じたときの心の状態をいう。

②悟り方1――みずから修行をするなどの努力をして、自分の心で真理をつかむ悟り方。

③悟り方2――人の悟りを耳から聞いて、自分の心に真理を受け入れる悟り方。

④二つの悟り方は、真理の受け入れ方の違いである。真理を受けとってしまえば、結果として「悟り」を得たのと同じである。

まず、第一の「みずから修行をするなどの努力をして、自分の心で真理をつかむ悟り方」をおこなったのは、天風自身です。そして、みずからが悟った内容を、真理瞑想行として語りました。受け手はこれを聞いて悟るのです。それが第二の、「人の悟りを耳から聞いて、自分の心に真理を受け入れる悟り方」です。つまり、覚者の「真理の言葉」によって悟るもので、「理入」と呼ばれています。ポイントは、受け手が霊性意識のレベルで「真理の言葉」を聞くことにあります。

間違えてはならないのは、理性＝批判的精神によって、理論的に学ぶのが理入ではない、ということです。実際に天風は、真理瞑想行の前に、必ず安定打坐法をおこない、心の掃除をしました。雑念や妄念によって曇っているからです。これらを払って本心を顕現し、聞く態勢をつくってから真理瞑想行をおこなったのです。

心のチリやホコリを払い続けるのが「行入」

真人《しんじん》たらん者は、
常住心鏡《じょうじゅうしんきょう》の払拭《ふっしょく》を心に心して
怠るべからず。

『真理のひびき』

中国唐《とう》代の禅師に、五祖《ごそ》（始祖・達摩《だるま》から五代目の禅宗の祖）弘忍《ぐにん》（六〇一〜六七四）がいました。彼のもとには七百人もの弟子があり、その最高位にいたのが、首座《しゅそ》の神秀《じんしゅう》（?〜七〇六）です。彼は、たゆみなく修行して悟りに達することを重んじたので、その禅風は「漸悟《ぜんご》（順序を追って修行し、悟りを開くこと）」と言えます。五祖の求めに応じて、次の詩をつくってみずからの境地を披露しました。

身はこれ菩提《ぼだい》の樹　心は明鏡《めいきょう》の台《うてな》の如《ごと》し
時時《じじ》に勤めて払拭《ほっしき》して　塵埃《じんあい》をして惹《ひ》かしむること勿れ

〈体は悟りの樹のようだ。心は清浄で澄んだ鏡の台のようだ。だから、つねに払ったり拭いたりして怠りなく磨いて、煩悩のチリやホコリをつけてはならない〉（大意）

人間には、ともすれば我執《がしゅう》が発生します。だから、朝から晩まで油断なく修行して、心の鏡に付着した雑念や妄念を払うことが大切です。天風は、このことを「心鏡払拭《ふっしょく》」と呼んでいます。

また、天風は、「神秀の説は行入を本位として作為されたものである」（『安定打坐考抄』）と喝破しました。行入とは、実践によって悟ることです。天風哲学においては「心鏡払拭を実践して漸悟すること」と定義できます。具体的に言うと、心の鏡に付着した雑念や妄念を払うために安定打坐法などを実践して、次第に悟っていくことが行入だ、ということです。

ところで、神秀は、北宗禅《ほくしゅうぜん》の祖となりますが、やがて北宗禅は滅んでいきます。

心には一点の曇りもないことを知るのが「理入」

真理を受け入れるときの心の態度が、悟りを開く上に密接な関係があるからこそ、安定打坐《あんじょうだざ》で心をきれいにさせている。

『運命を拓く』

現在の禅につながるのは南宗禅《なんしゅうぜん》であり、これを始めたのが、慧能《えのう》（六三八～七一三）です。慧能がまだ五祖弘忍のもとにいたころ、首座である神秀の悟りの詩（本書108参照）に対して、次の詩を唱えて頓悟《とんご》（修行の段階を経ずに、一挙に悟りを開くこと）を主張しました。

菩提本《もと》より樹なし　明鏡もまた台《うてな》にあらず

本来無一物《むいちもつ》　いずれの処《ところ》にか塵埃を惹かん

〈悟りにはもともと樹などはない。澄んだ鏡もまた台ではない。本来からりとして何もないのだ。だから、チリやホコリのくっつきようがないではないか〉（大意）

私たちの本性はもともと清浄無垢《むく》であるのに、どこにチリやホコリがあるのか、どこにもない。人は生まれながらに解脱しているのだ、ということです。

慧能の詩を認めた五祖弘忍は、彼を後継者として選び、ひそかに袈裟《けさ》と鉄鉢《てっぱつ》を授けたと『六祖壇経《ろくそだんきょう》』に記されています。

さて、天風は、慧能の頓悟の説は理入を本位としてつくられたものだと言います。天風哲学では、理入とは、「真理の言葉によって頓悟すること」と定義できます。覚者の「真理の言葉」を霊性意識で受けとめたとき、生まれながらに解脱している清浄無垢な心（本性）は、「真理の言葉」と感応します。つまり、真理と一体となります。これが理入です。

自分に落ち着けば、そこに真理がある

理入《りにゅう》の方を「一切衆生《いっさいしゅじょう》は、本来如来《にょらい》の
智慧徳相《ちえとくそう》を具有する」と説かれた。
此《こ》の意味を引括《ひっくる》めて云《い》うと、
「人は各自の本分に安着せよ」と云う事で、
人間元来生れると同時に
本分なるものを先天的に有して居るのだから、
他を探すにも又求むるにも及ばない。

『安定打坐考抄』

天風自身は、理入をどう説明しているのでしょうか。右の言葉が、天風による唯一の理入の定義です。要約すれば、理入とは「人は各自の本分に安着せよ」ということです。この言葉をきっちりと解説した本はなく、多くの人が理入を誤って理解し、天風哲学を学び損ねています。

天風と並んで政財界の精神的支柱であった安岡正篤は、「理入というのは、知識的・論理的なというのではなく、真理そのものと一体になって、（中略）自然に行じてゆく」（安岡正篤『禅と陽明学』）と記しています。わざわざ「知識的・論理的なというのではない」と断ったのは、理入の理を「理論」や「論理」のことだと誤解している人たちがいたからでしょう。ところで、理入は、達摩（？～五三六？）の『二入四行論《ににゅうしぎょうろん》』に出てくる用語で、該当の箇所に「理と冥符《めいふ》す」という言葉が出てきます。この言葉を、安岡は「真理そのものと一体になる」と現代語訳して、これを理入だとしたのです。つまり安岡は、理入の理を、真理の理だと解釈しています。

再び、天風の言葉に戻りましょう。「人は各自の本分に安着せよ」の「各自の本分」というのは、誰にも平等に具わっている「如来《にょらい》（仏）の智慧徳相」です。言い換えれば、清浄無垢な本性であり、これが「理」です。そして、この理に安着することが、理入です。また、外から天風が語る「真理の言葉」が、本性と感応してひとつになることが理入です。本性（本分）＝理は、みずからのうちにすでに具わっているので、「他を探すにも又求むるにも及ばない」のです。

111
人はいかにして、悟りの花を開くのか

疑う気持ちや批判を乗り越え、
ただ無念無想の状態で、
内容をわかろうとするのでなく、
ただ受け入れていくという気持ちで行なうことが
何よりも大切である。
そうすれば、
無条件で悟りの花を開かせてくれることになる。

『運命を拓く』

あるとき、天風の講演を聴いていた、若いエンジニアが質問しました。

「先生は、疑いの心を去って、純真な気持ちで受け入れなさいと言いますが、疑いがあってこそ科学は進歩し、文化も向上するのではないでしょうか」

天風は、バカとまず一言浴びせてから、こんな説明をしました。

「真理に対する敬虔《けいけん》な態度が、研究する者には必要だ。疑い深い心は、真理をも信じようとしない。そんな気持ちでどうして科学的研究ができようか」

続けて天風は、真理の探究について話します。

「偉大な発見や発明をした科学者は、霊感的にひとつの真理をつかんだ。そして、そこに至るプロセスを明らかにできると信じて、努力した人たちだ」

天風が説く真理の探究とは、「霊感的にひとつの真理をつかむ」ことが中核にあり、次に理性によって「真理に至るプロセスを明らかにする」というものです。

右に掲げた言葉は、真理瞑想行の心得であり、「真理の言葉」の受けとめ方です。まず理性を乗り越えて、霊性で受け入れなさいと示唆しています。もし、天風の言葉が真理でないなら、霊性意識が弾《はじ》き飛ばします。逆に真理なら、霊性意識は真理とひとつになり、悟りの花が開きます。そしてそのあと、悟後《ごご》の修行（本書120参照）で理性を働かせて天風の悟りを検証すればいいのです。

安定打坐密法なるものは、
事実に於《おい》て此《この》妄想念を完全に排除して
自己の「霊性を自覚」せしむる速達法なのである。

『安定打坐考抄』

天風の教えのなかでも、安定打坐法は際立っています。あらましを解説しておきましょう。

別名として、「ヨーガ式坐禅法」「天風式坐禅法」と呼ばれているように、安定打坐法は「坐禅法」という位置づけであり、「瞑想法」ではありません（本書122参照）。

安定打坐の意味ですが、杉山彦一は、「『安』はやすらか、『定』はさだまり、『打』は接頭語で強めの語、『坐』は人が坐るのではなくして、心の置き所の意味」（杉山彦一『いのちを活きる』）だと説明します。別の門人は、「禅定は一心、安定《あんじょう》は無心」だとしています。つまり、杉山は、安定打坐を「やすらかにさだまる心」とし、この状態を別の門人は「無心」だと説明したのでしょう。「天風誦句」の「自我本質の自覚」（本書125参照）にも「安定」の文字が見えますが、この使用例などを含めると、「安定＝安らかに定まること」あたりでとどめるのが妥当です。

さて、安定打坐法の目的は、三つあります。

①静寂を味わう――心の静けさを感じる。

②神人冥合《しんじんめいごう》する――「無我無念」に達入して、霊性を自覚する。

③絶対積極で生きる――安定打坐後の日常を、念にとらわれない「無念」の境地で生きる。

杉山は、②を安定打坐法のねらい、③を安定打坐法の究極の目的だとしました。つまり、霊性を自覚して、絶対積極の境地で日常を送ることが、安定打坐法をおこなう意義だと考えたのです。

無念――念にとらわれない。

霊的境地に心が入ると、
いわゆる宇宙の根本《こんぽん》主体と人間の生命が
一体化するのであります。
これを神人冥合《しんじんめいごう》と言う。

『盛大な人生』

寝際に楽しいことを考えていると、いつしかその日の感情の凝りが消えて、温かい気持ちになります。やがて眠りに落ちる一瞬、何も考えない静かな心境を味わう瞬間があります。これが霊的境地です。

天風は、いつでもこの境地に入れる方法＝安定打坐法を編み出しました。

この方法では、坐禅中に仏壇のおりんを叩き、「リーン」と響くその音に意識を集中させます。おりんの音を追っているうちに、雑念や妄念は消え去って、一念となります。次第におりんの音はフェードアウトしていき、フッとかき消える瞬間——音がなくなったこの瞬間に、意識は放り出され、一瞬ではありますが、霊的境地（無我無念）を味わうことができます。

ほかにも、おりんではなく、ブザーを使う方法があります。実際におこなうには、ブザー音やおりんの音が入った、坐禅用ＣＤ（本書「解説」で紹介）を用いると便利です。

さて、この境地に入ると、宇宙霊と人間の生命が一体化します。右の言葉の「宇宙の根本主体」とは、宇宙霊のことです。このとき、絶対的なプラスの状態となり、宇宙エネルギーは最大限に注ぎこまれます。この一体化を「神人冥合」と言います。

それだけではありません。天風は、「心が霊的境地に入ると、宇宙本体のもっている万能的な英知が人間の心に受け入れられる」（同書）と教えています。

音に集中する。

114

世に知られることがなかった秘法を明かす

雑念妄念を制御して、
心の鏡を研《と》ぎあげる「安定打坐法」という
貴重な方法を修練会で教わってるけれども、
世間の人はそんなこと知りやしねえもん。
いわゆる安定打坐法という
即座に無念無想になれる方法などは、
普通の人間は知らないんですよ。

『真人生の創造』

昔、天風が指導していたときの話です。高名な禅僧である総持寺《そうじじ》の石川素堂《いしかわそどう》（一八四一〜一九二〇）が安定打坐法を体験したことがありました。素堂は、明治三十一年（一八九八）に石川県の能登《のと》にあった大本山総持寺が焼失したとき、その復興に努め、神奈川県の鶴見《つるみ》に移転の大事業を成しとげた人物です。天風は、「石川素堂禅師が俺の門下にあることは、俺の名誉である」とまで言ったそうです。そんな素堂が安定打坐法を実践して、

「こんな訳なく接心《せっしん》（坐禅を修して、心を集中させ統一すること）のできる近道のあることも知らず、何と何と、永い永い間、深山幽谷の中や険しい山坂を苦しい思いをして歩いていたと同じ苦行で行修《ぎょうしゅう》し、さてさて接心把握の至難のことよとつくづく坐禅行の味得徹底の難しさを痛感していたものであった」（『真理のひびき』）

と感想を漏らしました。

安定打坐法は、ブザーやおりんを使って、誰でもが簡単に「無我無念」を味わう方法です。普通に坐禅をしていたのでは、この境地に至ることはなかなかできません。苦行の末にようやく把握できる「接心」が、安定打坐法ではいとも簡単にできたことに、素堂は驚きの声を上げたのです。

さて、天風が右の言葉を語ったころは、素堂をも唸《うな》らせたこの坐禅法は天風門下で実施されているだけであり、一般にはまったく知られていませんでした。

心を集中させ、統一する。

「接心《せっしん》」への貴重な機会を、
安定打坐の践行をおろそかにすることによって
あたら逃がしていやしないか……
それがあまりにも安易な方法であるだけに……。

石川素堂の話をもう少し続けましょう。

素堂は、安定打坐をするとあまりに簡単に接心できるので、苦行僧にこの坐禅法を授けると修行をおろそかにすると考えました。これを受けて天風は、安定打坐法がこれほど安易な方法だけに、なまけ心が出て、おろそかにしていないか、と門下の者たちに問うたのが右の言葉です。

さて、壮年期の天風が素堂と出会ったのは、大正の終わりごろでした。鶴見の総持寺で、宗教学者の南条文雄《なんじょうぶんゆう》（一八四九～一九二七）の講演会があるからと、ある人に誘われたのです。庫裏《くり》に老僧がいて、来賓に点茶《てんちゃ》で接待しています。天風は素堂だと気づかずに、「おい、もう一杯ください」などと遠慮がありません。このとき、素堂は天風の人物に気づいたようで、天風の一行に、「みなさん、愚僧の居室に来なさい。この人を中心にして話がしたいから」と招き入れます。

ところが、素堂だけが二枚重ねの座布団に座っているのを見て、「どういうことか」と天風が尋ねます。すると、素堂はニコッと笑って、木魚を指さします。木魚には三枚の座布団が敷かれていて、自分が二枚敷くのは当然だという意味らしい……。天風は立ち上がると木魚をバチで叩き、次に素堂の頭を軽く三回叩きます。「何をする」と驚く素堂に、「木魚は叩いても怒らん。貴僧はちょっと叩かれたくらいで怒られた。まだ、二枚敷くのはどうか……」と答えると、素堂は「なるほど、偉いわ」と天風の門下に入りました。二人の間に、禅問答がくり広げられていたのです。


禅問答で、相手を試す。

116
まわりがバタバタしているなかで「静」を得る

安定打坐密法は動中静感《どうちゅうじょうかん》を獲《え》る工夫《くふう》に
最も重きを置いてあるので
又此点が此方法の特に貴い処《ところ》なのである。
○もっと詳しく云えば
一、怒中にも容易に平和の気を促し
一、進退谷《きわ》まるの時もよく円転滑脱の自由を捕捉し
一、窮迫困乏愁苦の間にも淡然として
一糸乱れざるの盤石心を以《も》って処する

『安定打坐考抄』

まず、大意を示しておきましょう。

〈安定打坐法は、動中に静感を得られるよう工夫されています。この工夫にもっとも重きを置いており、この点が特に貴いところです。もっとくわしく言えば、

一、（安定打坐法は）怒っているなかに、いともたやすく平和の気をもたらします。

一、（安定打坐法は）進退窮まっているときに、するりと自由自在に抜けださせます。

一、（安定打坐法は）追いつめられ、貧困に喘《あえ》ぎ、愁い苦しんでいるときに、乱れることのない堅固な心で淡々と対処させます〉

三つの具体例からわかるように、「動」とは、怒ったり、進退窮まったり、追いつめられ、貧困に喘ぎ、愁い苦しんでいる状態です。心も外界も激しく動乱している状況です。

そんなバタバタしているときに、安定打坐法をおこなうと、「静」が得られるのです。この「静」が得られる工夫こそ、安定打坐法に具わっている最高の価値です。

では、具体的にどんな「静」が得られるのかというと、平和の気であり、自由自在の脱出であり、堅固な心で淡々と対処することです。これらは、絶対積極ならではの境地と言えます。

もし安定打坐法をおこなわなかったら、「動」の荒波に、ふり回されていたことでしょう。実際、天風自身が激しい「動」の人生のなかで、絶対積極の人生を生き抜いてきたのです。

117

最高の人生とは「活潑々地」で生きること

活きがいのある幸福の中に
過ごそうと思うなれば、
人生を活潑々地《かっぱつぱっち》の大境地に
生き抜かねばならぬ。

『安定打坐考抄』

右の言葉のなかに、「活潑々地」という熟語が入っています。この語は、天風が執筆した『安定打坐考抄』に二回出てきます。ところで、『安定打坐考抄』を現代語訳した数種のものを見ると、「活動的」「活発」「潑剌《はつらつ》」「潑剌颯爽《さっそう》」に置き換えられています。「活動的」「活発」は適切ではありません。「潑剌」「潑剌颯爽」は間違いではないものの、この熟語の味わいを尽くせていません。

かつて、この用語を好んで使った人たちがいます。中国唐代の初期の禅僧たちです。天風が「活潑々地」という熟語を使った背景には、そんな禅僧たちの影響があったのでしょう。

そもそも、活潑々地とは、魚がピチピチと躍るさまを言います。このようすは、生きがよく、元気であって、なんの煩いもないというイメージです。そのイメージから転用して、とらわれやこだわりという障害がなく、自由自在に生きることを意味するようになりました。

天風が『安定打坐考抄』で用いたのも、とらわれやこだわりがなく、自由自在に生きるという意味で用いています。もし「活潑々地」を別の用語に置き換えるなら、意味としては「絶対積極」がいちばん近いのですが、別の用語に置き換えず、そのまま使うのがいいでしょう。

このように、何かにふり回されることとは正反対の境地です。たとえば、感情や欲望にふり回されたり、がんじがらめにされたりせず、みずからが自分の人生の主人公となって、ピチピチと跳ねるように自在に生きる——そんな境地で生きたいものですが、これが活潑々地です。

中村天風だって、邪念、妄念が湧く

私でさえ時に顧みて
あたりに人がいないかと見廻《みまわ》したくなるほど
邪念妄念の起る時がある。
唯《ただ》その回数が少なく、
またその時すぐきりかえ、
とり直すことができるだけだ。

「私の見た天風先生」

邪念や、妄念や、雑念は誰にだって湧いてきます。頭や心があるかぎり、湧くのは自然なことです。右の言葉で語られているように、当の天風自身が「あたりに人がいないかと見廻したくなるほど、邪念妄念の起る時がある」と告白しています。

しかし、天風の場合は、①邪念や妄念が湧く回数が少ない、②湧いたとしても、すぐに心機転換をはかる、ことで対処しています。②の心機転換のテクニックについては、次の119で紹介します。ここでは、①の湧く回数が少ないということについて見ておきましょう。

邪念や妄念を少なくするには、安定打坐法をおこなうことが有効です。そもそも、安定打坐法の目的は、「無念」という境地で日常生活が送れるようになることです。では、無念とは、どういう境地でしょうか。――念がないことではありません。念にとらわれないことです。

安定打坐法をおこなう前の日常生活は「有念」で、湧き放題に念が湧いていました。邪念や妄念が大きく膨らんでいたのです。さらに、この念がわざわいして、何かにとらわれたり、感情にふり回されたりしていたのです。

安定打坐法をおこなうと、誰でも「無我無念」を味わえます。くり返すうちに、「無念」の境地で日常生活を送れるようになります。言い換えると、絶対積極の境地で暮らせるようになります。

この境地にあるとき、念が湧いても、追いかけないので、念は次第に減少していくのです。

刹那に雑念、妄念を
フッと吹き消しちゃってから、
スーッと心を「空《くう》」の世界にもっていく。

『心に成功の炎を』

仕事や受験勉強をしていて、頭にモヤモヤと雑念や妄念が湧きあがると、集中力が途切れ、能率が下がります。雑念や妄念を吹き飛ばす、うまいテクニックはないものでしょうか。

じつは、天風の直弟子から教えてもらった、日常的に使える方法があります。次の三つのことを同時に、瞬時におこなうのです。

①口笛を吹くときのように口をすぼめて、フッという音を立て、鋭く息を吹く。

②同時に、サッと首を横にふる。

③鋭く吹いた息とともに、頭が空っぽになる（直後に、邪念や妄念が吹き飛んだとイメージする）。

すると、一瞬にして気分転換できます。くよくよした気分をふり払うにも効果的です。筆者は何十年もやっているうちに、この方法が安定打坐法の瞬間版だと気づきました。安定打坐法では、「有念→一念→無念」というプロセスを描くのですが、同じことを圧縮してやれるのです。

まず、モヤモヤと雑念、妄念が湧いてきて、心は「有念」の状態にあります。そんなとき、鋭く息を吹きながら、首を横に振ります。この瞬時の動作のなかで、意識は吹く息に向けられていますす。息に集中している「一念」の状態です。

そして、息を吐き切ったあとのコンマ一秒ほど「無念」の境地を味わうことができます。安定打坐法をやっている人には、ブザーの音が消えた瞬間と同じ境地であることがわかるはずです。

息を吹き、首を振る。

悟《ご》によりて
習《しゅう》を断ぜざるべからず。

『盛大な人生』

天風の肺結核は聖者カリアッパ師の導きで癒え、人間とは霊魂であるという悟りを得ました。ところが、帰国して実業界に入ると、天風でさえ俗世間のなかで自分を見失いかけた時期がありました。その後、財産を整理して、教えの道に入っていきます。

じつは、悟って終わりではなく、それからが新たな始まりなのです。これを悟後の修行と言います。禅宗では「聖胎長養《しょうたいちょうよう》」と言って、悟りを育てることを重んじています。これは、一度悟ったとしても、慢心していると、すぐ迷妄に陥り、以前の習慣に埋没するからです。

実生活でも、似たことが起こります。たとえば、健康診断で、ある数値に異常が出たので医者にかかると、「生活習慣病ですから、食生活を変えてください」と忠告されることがあります。そのときは変えようと心に決めても、三日坊主で終わることが多いのではないでしょうか。前の習慣を断ち切れないのです。

習慣を断ち切る手段として、天風が教えるのが「内省検討」です。毎日、その日のことをふり返ります。たとえば、孔子の高弟である曾子《そうし》は、①人のことを考えて誠実であったか、②友と交際して信義を欠いていないか、③自得していないことを教えなかったか、を日に何度も内省しました。これは悟後の修行と同じで、つねに内省し続けないと、慢心してしまうからです。気づいてからが習慣を変える始まりです。毎日内省することで、ようやく頑固な習慣を断ち切れるのです。

毎日、内省し続ける。

第九章

まよわない。

悟りを開かない人間というものは、
しじゅうこの肉体を
自分としか思ってない。
だから限りなく迷いがでてくるわけだ。

『盛大な人生』

天風が修行したヨーガの里では、かつて先人たちが刻んだであろう悟りの言葉が、あちらこちらの岩に残されていました。もっとも、サンスクリット語で刻まれていたので、天風は聖者カリアッパ師から英語に翻訳してもらったのです。

先人たちの悟りの言葉は、天風に大きな刺激を与えました。そうした言葉に触発され、みずからの悟りをもとに、天風は珠玉の言葉を創案しました。現在、二冊の誦句集にまとまっています。『天風誦句集（一）』（黒）と、続編の『真理行修誦句集』（緑）です。これらの言葉を「天風誦句」と呼ぶことにしましょう。

「天風誦句」は、天風自身の悟りの言葉であり、真理瞑想行のまとめとして朗々と読みあげられました。こうして、理入を促したのです。

ところで、人間には「物事に惑う」という性向があります。このことは、本書88でふれたとおりです。では、なぜ、迷いが発生するのでしょうか。答えのひとつは、右の言葉にあるように、自分とはこの肉体であるとしか思っていないからです。

天風が教える、迷いからの脱出法は、霊性を自覚することでした。「天風誦句」は、霊性の自覚へと導く悟りの言葉です。第九章では、そんな珠玉の言葉が集められた誦句集から、いくつかを解説します。

122

真理を悟るまで、目をつぶって静かに考える

本来の真理瞑想行《しんりめいそうぎょう》は、
与えられた問題を、
誰にも教えられず、自分なりに考えて、
それが正しい真理に合致するまで
何年でも考えさせる、
というのが本当の方法である。

『運命を拓く』

「天風誦句」を見ていく前に、前提となることをまとめておきます。

◎瞑想とは――そもそも、真理瞑想行とは何でしょうか。右の言葉にあるように、正しい真理に合致するまで何年でも考えるという行修です。このとき、坐禅をしながら考えます。そこで、「瞑想法」と「坐禅法」を混同しがちになります。正確には、安定打坐法は「坐禅法」であり、雑念や妄念を払って「考えない」こと、湧きあがる思いに「とらわれない」ことを目指しています。こうして、きれいな心になったところで、瞑想をおこないます。瞑想の本来の意味は、「目をつぶって静かに考える」ことであり、真理瞑想行とは、真理を悟るまで考え続ける瞑想法です（実際には、ヨーガの里で天風が体験した「ディヤーナ＝瞑想」は、心の静けさを求めるもので、瞑想法と坐禅法は区別しにくい）。

◎「天風誦句」とは――本来の真理瞑想行とは、右の言葉にあるように、誰にも教わらずに自分で考え抜くものです。ところが、天風は、「人の悟りを耳から聞いて、自分の心に真理を受け入れる悟り方」（本書107参照）も、真理を悟るうえには違いがないと言います。こうして、覚者から「真理の言葉」を受けとるという意味が、真理瞑想行に加わります。実際、天風はみずから悟った「真理の言葉」を語って聞かせました。この真理の言葉の結晶が、「天風誦句」です。

◎「行」とは――真理瞑想行の「行」とは、「一切の手段方法を、日常生活の中に織り込むこと」（『真人生の探究』）です。つまり、日常道として真理への思いをめぐらすのが、真理瞑想行です。

真理に合致するまで考える。

123
一気に天風哲学のキーワードを唱える

今日一日
怒らず　怖れず　悲しまず、
正直　深切《しんせつ》　愉快に、
力と　勇気と　信念とをもって
自己の人生に対する責務を果たし、
恒に平和と愛とを失わざる
立派な人間として活きることを、
厳かに誓います。

『天風誦句集（一）』

若いころから筆者は、この誦句を何万回唱えてきたことでしょうか。——末尾の「厳かに誓います」という一行は、個人で唱えるときは「自分自身の厳かな誓《ちかい》とする」となり、誦句集にもそのように書かれています。が、筆者はひとりのときも「厳かに誓います」と唱えています。すると、天と自分に誓っているような落ち着きを覚えるのです。

この誦句の名称は、「誓詞《ちかいのことば》」です。「天風誦句」のなかでも、もっとも平易な言葉で編まれています。何より、この言葉には天風哲学のキーワードが盛りこまれています。

①「怒らず、怖れず、悲しまず」——してはならない、三つのことです（本書38参照）。

②「正直、深切、愉快」——三つのすべきことです（本書52参照）。この誦句では、漢語の「深切」を用いていますが、本書では引用上の問題がないかぎりは「親切」で統一しています。ちなみに、思いやりがあり、配慮が行き届いているという意味では「親切」のほうが適切です。

③「力、勇気、信念」——天風哲学のスローガンです（本書46参照）。

④「自己の人生に対する責務」——進化と向上に寄与する使命があるということです。

⑤「平和と愛」——愛が原因で、平和は結果です。世界平和も家庭平和も、愛なくして実現しません。愛によって、和が生まれます。

以上を「今日」という一日において実践し、「立派な人間として活きる」ことを誓うのです。

大宇宙の活力を「プラナヤマ法」で吸収する

神韻縹渺《しんいんひょうびょう》たるこの大宇宙の精気の中には、
吾等《われら》人間の生命エネルギーを力づける
活力なるものが、隈《くま》なく遍満存在して居る。
今私は　プラナヤマ法と称する特殊の密法を行い
この活力を、五臓六腑《ごぞうろっぷ》は勿論《もちろん》
四肢の末端に至るまで、
深甚なる感謝をもって思う存分吸収しよう。

『天風誦句集（一）』

この誦句は、「活力吸収法《プラナヤマ》の誦句」と名づけられています。

これまで本書で「宇宙エネルギー」と言ってきたものが、この誦句では「活力（プラーナ）」と呼ばれています。活力をできるだけたくさん吸収して、全身に行き渡らせるのです。その吸収を促すのが、この誦句の役割です。

ところで、誦句に「吾等人間の生命エネルギーを力づける　活力なるもの」という言葉がありますが、この言葉のなかにある「生命エネルギー（生命力）」は、自分が思っている以上に巨大なものです。生命の内奥深くに「潜勢力」があることは、すでにくわしくふれたとおりです。そして、この生命エネルギーを力づけるものが、宇宙エネルギーである「活力」です。活力を吸収すると、生命エネルギーがエンパワー（元気づけること）されるのです。

できれば戸外で、この誦句を唱えます。そのあとで、次のような呼吸法をおこないます。

まず、すべての息を吐き出します。そして、口をすぼめて、細く長く十秒ほどかけて、ゆっくりと新鮮な空気を吸いこみます。そのとき、この空気を「活力」だとイメージしてください。

吸い切ると、クンバハカをします。クンバハカをすることが、止息になります。次にいきみ加減に鼻から息を吐き出します。このとき、邪気や悪気《あっき》を吐き出しているとイメージします。これをくり返して、四肢の末端にまで活力を行き渡らせます。

活力を四肢末端にまで送る。

125

この七行を唱えれば、歓喜の世界が現れる

そもや真我の実相は
水火侵し能《あた》わざるの絶対にして、
また不朽不滅の実在なり。
人もしこの信念に真に安定《あんじょう》するを得ば、
肉の呵責《かしゃく》も　人の世の非業も
夢幻《ゆめまぼろし》の如《ごと》くに消え失せて、
無限至上なる歓天喜地《かんてんきち》の世界現われん。

『真理行修誦句集』

右は「自我本質の自覚」という誦句です。本当の自己とは何かを説いたものです。大意を記しておきましょう。

〈そもそも、自己の本体である「真我」の本当の姿は、水勢や猛火にも侵されることがない絶対のもので、朽ちたり滅したりしない永遠の実在です。人がもしこの信念に安らかに定まることができれば、肉体の苦痛も、世の中の災難も、夢や幻のように消え失《う》せて、果てのない最上の天地に歓喜する、そんな世界が現れます〉

この誦句は、二つに分かれています。

◎真我とは何か。それはどういう実在か。——結論から言うと、真我とは、宇宙霊から分派した霊魂です。それは何ものにも侵されない、永遠の実在です。人は死んだとき、霊魂は宇宙霊へと還元します。このように不滅の存在です。

◎自己の本質を深いレベルで自覚したとき、世界は一変する。では、どのような世界が現れるのか。——苦痛や災難が消え失せて、このうえない歓喜の世界が訪れます。

くわしく知りたい方は、天風の『研心抄《けんしんしょう》』を読まれるといいでしょう。この誦句は、同書第一章の「自我本質の自覚」をわずか七行で言い尽くしたものです。誦句とは、くり返し唱えるものですが、この七行を唱え続けていれば、『研心抄』の内容が信念化してくることでしょう。

自分の舌に「悪い言葉」を語らせない

私は今後かりそめにも
吾《わ》が舌に悪を語らせまい。
否　一々《いちいち》吾が言葉に注意しよう。
同時に今後私は　最早《もはや》自分の境遇や仕事を、
消極的の言語や　悲観的の言語で、
批判する様な言葉は使うまい。終始
楽観と歓喜と、　輝やく希望と溌剌《はつらつ》たる勇気と、
平和に満ちた言葉でのみ活きよう。

『天風誦句集（一）』

右の「言葉の誦句」の書き出しを現代語訳すると、

「私は今後、間違っても自分の舌に、悪い言葉を語らせないようにしよう」となります。この一文には、「舌は言葉をしゃべる道具である。この舌にどんなことを語らせるかは、私の心次第だ。だから、心のあり方に注意しよう」というニュアンスが含まれています。

実際、「つい、いらないことをしゃべってしまった」とか、「マイナスの口癖が治らない」といった人が多いのではないでしょうか。この誦句には、二つの実践テーマが具体的に語られていて、入門者に好まれています。

◎消極的な言葉をやめる——消極的な言葉や、悲観的な言葉で、自分の境遇や仕事を批判するのをやめよう。消極的な言葉をやめるだけでも、心が明るくなり、大きな効果があります。

◎積極的な言葉を使う——終始一貫して、楽観、歓喜、希望、勇気、平和に満ちた言葉を使って暮らそう。消極的な言葉をやめて地ならし、そのうえに積極的な言葉を築くのです。

さて、天風の教えのなかでは、この誦句は「言行の積極化」に該当します。言行の積極化は、積極精神養成法（巻末「解説」参照）のひとつです。また、この誦句を唱えると、自己暗示にもなり、期せずして観念要素をマイナスからプラスへと入れ替えてくれます。「誓詞」（本書123参照）などとあわせて、毎日唱えたい誦句です。

127

病の自分に義理立てするな。どんとプラスでいこう

たとえ身に病があっても、心まで病ますまい。
たとえ運命に非なるものがあっても、
心まで悩ますまい。
否一切の苦しみをもなお
たのしみとなす強さを心にもたせよう。
神と直接結ぶものは心である以上、
その結び目は断然汚がすまい事を、
厳そかに自分自身に約束しよう。

『天風誦句集（一）』

右は「坐右箴言《ざゆうしんげん》」という誦句の後半部分で、前項と同様に「言行の積極化」に該当します。

ヨーガの里で、天風が修行を始めたころのことです。結核のために熱っぽく、フラフラしていま

す。「どうだ、気分は?」と聖者カリアッパ師が尋ねると、「熱があるようで頭が重いです」と、天

風はさえない顔で答えます。

「おまえは、どうして暗い顔をしているのか?」

「病のために元気がないのです。病が治ったら、明るい顔になります」

「では、病が治らなければ、おまえは一生、明るくなれないのか。そう考えているかぎり、おまえ

の病は治ることはあるまい」

――ほかにも、聖者カリアッパ師が語った言葉を列挙しておきましょう。

「おまえは、体が病になったことで、心まで病んでいる。心まで病ます必要はなかろう」

「体に違和感があろうと、泣き言を言ってはならない。気分はどうかと尋ねたら、『ハイ爽快です』

と、にっこり笑って答えてみよ」

「おまえが修行しているのは、治りたいためだな。それなら、治った姿を心のなかに描いてみろ。

治りたい気持ちのなかに、治りたくない気持ちを入れてはならない」

これらの聖者カリアッパ師の言葉は、この誦句に生きています。

爽快だと答えよう。

128

起こってしまったら、くよくよしても始まらない

心の安定を失うことの中で、
一番戒むべきものは恐怖観念である。
そもこの恐怖なるものこそは、
価値なき消極的の考え方で描いて居る
シミだらけな醜い一つの絵のようなものだ。（中略）
かるが故《ゆえ》に、今日から私は断然私の背後に、
私を守り給《たも》う宇宙霊の力のあることを信じて、
何事をも怖れまい。

『天風誦句集（一）』

怒らず、怖れず、悲しまず、の三勿のうち、「怖れず」に対応しているのが、「恐怖観念撃退の誦句」です。右の言葉は、この誦句の一部です。

そもそも、人はなぜ怖れるのでしょうか。――怖れることにメリットがあるからです。人は、これまで満たされていたものが失われかけると、怖れを抱きます。怖れることが、危険を回避させるのです。たとえば、うまい話をもちかけられると、不安という怖れを感じますが、これは防衛の心理が働いているのです。ですが、過度に不安や心配をすると、かえって生命を縮めさせます。

天風の恩師である頭山満のエピソードです。

中国革命の指導者である孫文《そんぶん》（一八六六～一九二五）との密談中に、飴屋《あめや》に変装した刺客《しかく》が送られてきたことがあります。至近距離から、刺客が拳銃を突きつけたとき、頭山はいつもと変わらず悠然と煙草《たばこ》を手にします。一服深く吸いこんだところで、銃口に向かって煙を吹きかけると、刺客の銃をもつ手が小刻みに震えます。

このわずかな隙をついて、天風が拳銃を叩き落とします。「先生、さぞ驚かれたことでしょう」と声をかけると、頭山は平然として、「驚いたって、間に合わんよ」と答えたそうです。

驚いたって、間に合わない――恐怖観念を撃退すると、ここまでの胆力ができます。しかも、私たちは守られています。宇宙霊が守っているのです。これを信じることです。

間に合わんよ、と平然とする。

129

「心に使われる」のでなく「心を使う」に転換しよう

人生真理を現実化するには、
真我の所有である
自己の生命を支配する最高の権能をもつ
意志を煥発することである。

『真理行修誦句集』

人の心というのは、コロコロ変わります。「コロコロ変わるから『ココロ』というのだ」と言った人がいますが、このように心はコントロールがききません。これは「心に使われている」という状態です。じつは、心に使われるから、苦悩が生まれるのです。

逆に、心を使うには、どうしたらいいのでしょうか。――意志を煥発することです。意志こそが、最高の権能です。

「天風誦句」に、右の「意志の煥発」があります。ここに掲げたのは、この誦句の後半部分です。誦句には、意志は真我の所有物であり、自己の生命を支配しているとあります。

ところで、よく似た語に「意思」があります。どう違うのでしょうか。じつは、意志と意思とは、まったく別物です。

◎意志――真我（霊魂）に属していて、一般的な「心」には属していません。そのため、心をコントロールする力をもち、人を高め、向上させる原動力となります。

◎意思――一般的な心から生じる作用です。知情意の「意」が意思であり、思いや考えといった意味です。

心に使われるのではなく、心を使うには、意志を煥発しなければなりません。そのためには、①積極性と、②統一性の原則にそって、心を積極化し、心の力を統一的に働かせることです。

五感を研くと、悟りや、第六感が得られる

およそ人にしての完全領域に到達せんには、
先ずその官能を常に営々として啓発し、
これを無欠完全に作り上げることが
これその第一歩なり。

『真理行修誦句集』

右は「官能の啓発」という誦句の一部で、五官（五感）の認識力を高めることを説いています。

ちなみに、五官（五感）とは、①眼（視覚）、②耳（聴覚）、③鼻（嗅覚）、④舌（味覚）、⑤皮膚（触覚）の五つです。では、なぜ、天風は五官（五感）の認識力を高めることを求めたのでしょうか。

それは誦句にあるように、人としての完全領域に到達するためです。――認識力を鍛えないと、知覚作用が不正確になります。すると、正しい自覚、悟り、第六感という高度な精神作用が働きません。五官（五感）を研《みが》くことで、インスピレーションを高めることができます。これらの感覚を研ぎ澄ます練習法を掲げておきましょう。

◎聴覚――時計の秒針の音がかろうじて聞こえる限度まで離れます。そして音に集中して、秒針の音が十分に聞こえるようになったら、もう少し距離を広げます。これをくり返しますが、一度に長時間やるより、短時間で回数多くやるのが効果的です。

◎触覚――碁石を十数個ほど容器に入れます。このとき、白の碁石を一、二個混ぜて、残りはすべて黒の碁石にします。そして、指の触覚だけで白の碁石をつかみ出すという練習をします。

◎視覚――画用紙に、平仮名をランダムに十個ほどマジックで書いてもらいます。たとえば、「あ・め・て・み・と・に・し・あ・け・む」というように。これを一瞬見て、白紙の画用紙に平仮名を再現します。子どもには、単純な線画を書いて、これを再現してもらう練習をします。

感情や理性はまだまだ低い。「霊性」で生きる

およそ人間の心の奥には
幽玄微妙はたまた端倪《たんげい》し能わざる一大心界あり。
しかもこの心界は　宇宙創造の力と通じ、
常に自己を援《たす》け、自己を擁護する責務を行う。
さるにても無明なるかな　人々の多くは
この崇高なる心界が、わが命の中に在りとしも気づかず、
徒《いたず》らに心の一部に存在する低劣なる心意にのみ
あたら貴重なる人生を委ぬるがために、
心ならずも価値なき苦しみと悶《もだ》えとを招く。

『真理行修誦句集』

右は「霊性の発揮」という誦句の前半部分です。大意を示しておきましょう。

〈人間の心の奥には、幽玄微妙な、はかり知ることができない大きな心的世界があります。この世界は、宇宙を創造した根本主体の力と通じていて、つねに自己を助け、自己を擁護するという務めを果たしています。それにしても理に暗いというべきか、多くの人々はこの崇高な心的世界が自分の生命のなかにあると気づいていません。ただ、むなしく心の一部にある低劣な思いに、この貴重な人生を委ね、そのために不本意ながらも価値のない苦しみと悶えを招いているのです〉

ここには、二つのテーマがあります。

◎大きな心的世界とは、何か。――もちろん、霊性レベルの心でしょう。この心が、宇宙の根本主体である宇宙霊と通じていることは、すでに何度もふれてきたとおりです。

◎崇高な心的世界が自分の生命のなかにあると気づかないのは、なぜか。――多くの人が、感情や理性を主体とした心のレベルで生きているからです。

理性的な生き方は、人間としての最高の生き方だと考えられてきましたが、天風は霊性のレベルで生きることを教えています。そして、霊性を発揮する方法が、心身統一法であり、なかでも安定打坐法は効果がある方法です。――この誦句の後半部分では、邪念がなく静かに澄んだ心になれば、堅く閉ざされていた霊門の扉が内側から開いて、霊性が発揮されるとあります。

あゝそうだ!!
吾が生命は神仏（宇宙霊）の生命と通じて居る。
神仏の生命は無限である。
そして　不健康なるものや不運命なるものは、
神仏の生命の中には絶対にない。（中略）
だから　誠と愛と調和した気持《きもち》と、
安心と勇気とで、
ますます神仏との結び目を堅固にしよう。

『天風誦句集（一）』

右の「大偈《たいげ》の辞」の誦句は、「力の誦句」（本書67参照）とあわせて、天風がヨーガの里で悟った瞬間の感動がそのまま記録されたものだと思います。

生命の内奥深くにある「潜勢力」に気づいたとき、天風は、「私は　力だ」と感動の声を上げました。この悟りが「力の誦句」に結実します。では、力の誦句の「力」とは、何でしょうか。言い換えると、ヨーガの里で奔馬性肺結核をも完治させた潜勢力とは、何でしょうか。そのことを悟ったのが、「大偈の辞」です。冒頭の、

「あゝそうだ!!」

とは、これまでまったく気づかなかった真相が明らかになった瞬間の声でしょう。何が明らかになったのかというと、「私の生命は、宇宙霊の生命と通じている」ということです。潜勢力は、宇宙霊の生命から分派したものだったのです。

ここで注意しておきたいのは、この誦句では、宇宙霊を「神仏」と記されていることです。おそらく天風は当初、個の生命と通じているのは「神仏」だと認識したのでしょう。天風哲学が次第に整備されていき、「宇宙霊」の語は、のちに括弧に入れて加えられたとも考えられます。

どうであれ、この誦句には、天風の原体験が記録されていると思われます。そして、この誦句は、天風の悟りの原点をもっとも簡潔な形で伝えているのです。

そもや人の生命の本来は、
純一無雑なる「霊」という気体である。
然《しか》も　その霊なる気体こそは　尊厳なるかな、
宇宙創造の根本主体たる宇宙霊という
先天の一気の直接分派である。
多くいうまでもなく
宇宙霊なるものは絶対の実在である。

『真理行修誦句集』

前項の「大偈の辞」は、悟りの原体験が記されているのであろうと指摘したように、天風のストレートな感動が伝わってきます。

これに対して右の誦句は、悟後の修行（本書１２０参照）と言えます。悟ったあとで、みずからの悟りに理性的な吟味を加えたような内容です。天風哲学を学ぶにはよくまとまった誦句です。長いものなので、右には、「自己本来内省の悟」の冒頭の一部を掲げました。

さて、この誦句に「先天の一気」という言葉が出てきます。次の１３４で紹介する天風の漢詩は、「先天の一気」から始まります。これを理解するためにも、簡単に解説しておきましょう。

先天の一気とは、中国古来のもので、天風哲学での主な記述は、次のとおりです。

◎「宇宙霊という先天の一気」（「自己本来内省の悟」）

◎「先天の一気というものは別名を霊原素《れいげんそ》（根元の霊気）ともいって万物の根源要素をなす」（『研心抄』）

この記述例から、先天の一気とは、宇宙霊のことであり、ここから分派して万物が生じるので、霊原素（万物の根源要素）とも呼ばれていることがわかります。また、分派していった気が「後天の気」で、具体的には、空気、電気、磁気、水蒸気、火気、暑気などであり、さらに生きとし生けるものはすべて気からできています。先天の一気の「一気」とは、気そのものの根源は、ひとつだということです。それは、宇宙創造の根本主体たる宇宙霊にほかなりません。

すべては一気から生じた。

134

人の生涯も、宇宙の営みのひとコマである

先天ノ一気ハ即《すなわチ》霊ノ源
無クシテ二作意一而行フ二自然ヲ一
人生モ亦《また》此ノ制《せい》疇《ちゅう》ノ中
一切ハ還元シ帰ス二大《たい》霊《れい》ニ一

中村ヨシ子夫人の墓の碑銘（訓点は解説者による）

右の漢詩は、昭和三十七年（一九六二）二月に逝去した妻のヨシ子に、天風が贈ったものです。護国寺の墓地で目にすることができます。もちろん天風の自作で、その世界観をうかがい知ることができるものです。まず、この漢詩を書き下しておきます。

先天の一気は、すなわち霊の源。
作意なくして、自然をおこなう。
人生もまた、この制疇の中。
一切は還元し、大霊に帰す。

〈先天の一気は、霊の根源です。この気は、つくろうと意図することなく、自然の働きをおこなっています。私たちの人生もまた、この気の働きの範囲にあります。この世の生きとし生けるすべてのものは、やがて還元していき、大いなる宇宙霊へと帰っていくのです〉（大意）

――この詩に心を打たれた門人が、天風に揮毫を所望しても、「あれは家内のために書いたものだから、同じものは書いてやれないな」（『哲人あの日あの時』京都版）と、字句を少し変えて与えたそうです。淡々と叙述されたこの詩には、妻への万感の思いがこめられているのでしょう。

妻ヨシ子は、宇宙霊の働きに順応したよき人生を、自分とともに送った。そして、今、安心立命のうちに宇宙霊へと帰ったのだ――そんな思いが感じられます。

まことの世界は「心の置きどころ」でつくりだす

限り無き心の力を知れ、
果てなき心の霊を知れ。
迷ひの作れる天地の外《ほか》に、
真《まこと》の天地のあるを見よ、
われよく境を作る時は、
絶えて境の為《ため》に制せられず。

右に掲げたのは、大正二年（一九一三）に発表された『心の力』の一節です。この原案をつくったのは、本書61で紹介したように、天風だと言われています。そこで、天風哲学の観点から、大意を記しておきましょう。

〈無限ともいえる心の力を知りなさい。限界も制約もない心の霊力を知りなさい。迷いの心が生み出した相対的な世界のほかに、まことの世界があるのです。これを見ることです。相対的な世界を超えさせる、大いなる境地＝絶対積極の境地に私が立ったときは、その境地のおかげでこの世のものに束縛されることはなくなります〉

「迷いの心が生み出した相対的な世界」とは、物欲や感情などで身動きできなくなった世界です。そもそも、私たちが生きているのは、そんな相対的な世界です。ここに日常があります。では、この日常のなかで、心の力を深く悟って、天風が教える絶対積極の境地で生きると、どうなるのでしょうか。――この境地のおかげで、さまざまなものから束縛されなくなります。

雑念や妄念、物欲、自分をふり回す怒りや、怖れや、悲しみといった感情、そのようなものから束縛されなくなるのです。こうして、束縛されなくなってみると、みずからが自分の人生の主人公であったことに気づきます。これがまことの世界です。まことの世界は、どこか他所《よそ》にあるのではありません。心の置きどころが変わったことで、同じ日常が、まことの世界となったのです。

第十章

くるしまない。

生死は
力の本源の活動の
経過に過ぎない。

『安定打坐考抄』

第十章では、健康や、老、病、死について見ていきます。その前に、死生観を――。

天風は、生まれることを「分派」と呼び、生命が終わることを「還元」と呼びました。個々の生命は、大宇宙の生命から一滴の水のように分派し、やがて時がくれば還元していきます。右の言葉は、宇宙には無限の分派、還元が発生し、人の生死はその活動の一現象であり、大宇宙の営みのひとつにすぎないという意味です。

人が還元するときは、肉体は滅んで気となり、霊魂は宇宙霊へと帰っていきます。もちろん、肉体も霊魂も、根源要素の気である「宇宙霊」から分派、還元したもので、同じ「一気」です。が、霊魂という能動的な気と、肉体の気とは、気の生成上の区別があるようです。

他方で天風は、「人の一生は、何としても一生限りのものである。絶対に二生は無い」（『真理のひびき』）とも言います。生きるとは、今、ここにおける実存的な問題です。個の生命は、かけがえのない一回かぎりのものとして、強く、長く、広く、深く生きなければなりません。この四つの条件を満たした人生を、「理想の人生」と天風が呼んだことは、本書6でふれました。理想の人生を生きるとき、人が苦しむことはありません。

苦しみの人生とは、弱く、短く、狭く、浅く生きた結果です。人間とは弱いものだとあきらめて、生命の内奥深くにある潜勢力に気づかずに生きた結果が、苦しみの人生となるのです。


人間は弱いものだとあきらめない。

137

プラスイメージをもてば、心も体も健康になる

心を積極的にしさえすれば、
健康も立ち直るし、
運命も立ち直るようにできてるの。

『成功の実現』

プラスのイメージをするだけで、頭の働きが二〇パーセントもよくなったという実験結果があります。こんな実験です。

まず、二チームに均等に分かれて、それぞれ二分間のイメージトレーニングをしてもらいます。Aチームには、プラスイメージを思い浮かべてもらいます。ボーナスがたくさん出た、恋人ができた、仕事でほめられたなど。逆に、Bチームには、せっかく出たボーナスがわずかだった、恋人と別れた、仕事で叱られたなど、マイナスイメージを浮かべてもらいます。

そのあと、両チームに、一分間の自由連想をして、競ってもらうのです。

やり方は、同じキーワードを出して、どちらのチームの連想量が多くなるかです。たとえば、「本」というキーワードから、「紙↓鉛筆↓消しゴム↓輪ゴム↓指鉄砲↓痛い↓腹痛……」といった要領で、できるだけたくさん連想してもらいます。

すると、プラスイメージを浮かべたAチームが、Bチームより二〇パーセント連想量が多いという結果になりました。わずか二分間のプラスイメージだけで、二〇パーセントも頭の働きがよくなったのです。天風の教えのとおりに、日に何度もプラスの自己暗示をしたら、二〇パーセントどころではないはずです。

自己暗示によって、健康も立ち直るし、運命も好転することでしょう。

病や不運を「生き方を変えろ」という警報と考える

病がでたり、不運がきたら、
あっ、これが人間と生まれながら、
人間らしく生きていない第一警報だなと思え。

『盛大な人生』

病になっても、病になったことを呪うのではなく、警報だと受けとめることができるでしょうか。つまり、病になったことをきっかけにして、これまでの生き方をふり返るのです。そのとき、次のように問いかけると効果的です。

「宇宙霊は、私に病を与えてまで、何を気づかせようとしているのか？」

もし、宇宙霊の代わりに別の名称のほうが言いやすければ、自由に言い換えてかまいません。神様、造物主、サムシング・グレートなど。天風はこのあたりはとてもおおらかです。

運が悪いときにも、同じような問いかけをします。すると、しっくりいく答えにたどり着くはずです。そもそも、病や不運という現象は、結果が表面化したものです。何かの原因があって、このような結果になったのです。原因は何かというと、生き方です。天風は、三十代の初めに奔馬性肺結核にかかり、巡りめぐってヨーガの里で修行することになりました。

「肉体で生きてるような、まぬけな生き方をしたから、おまえは患ったのだ」

と、聖者カリアッパ師は諭しました。肉体の力がすべてだという生き方をした結果として、なんらかの病になったのです。天風がかかったのは、たまたま奔馬性肺結核でした。そして、天風は、ヨーガの里での修行を経て、生き方を変えました。「気で生きる」という生き方に目覚め、帰国してから心身統一法として体系化し、多くの人々を指導したのです。

「病」を「病気」にしない

病に犯されたら、
何を措《お》いても、
病を病気にしないことである。

『真人生の探究』

天風は、つねに「病」という名称を用いました。意識的に「病気」という言葉を使わなかったのは、病と病気はまったく別物だからです。

「自己の病を気にかけて、心配、煩悶、恐怖、悲観、苦労、研究などをする。これが病というものと名称は似ているが、内容更に非なるものありという病気というものなのである」（同書）

と天風は言います。

病気とは、病を気にしている状態です。病にかかったことを心配し、煩悶するだけでなく、恐怖し、悲観し、苦労し、挙げ句には病を研究し始めたりするのです。

このように、「病気」には、気にするというマイナスの意味がこめられていて、よくありません。これに対して、「病」というのは現象だから、その名称は使っていいのです。

また、「元気」を履き違えている人を見かけることがあります。ある病で手術を受けた人は、退院後にすぐに元気にふるまい、逆に悪化させて再手術となりました。天風は、

「元気を出すということは、体を無理に我慢して、起きて働かせようということではない」（同書）

と注意を促します。

病のあとは、きっちり療養することです。ところが、病み明けにもかかわらず、もう大丈夫だとばかりに普段どおりの行動することを、多くの人が積極的だと勘違いしているようです。

無理をしない。

140
積極精神で、血液を弱アルカリ性に保つ

血液というものは、
常に、弱アルカリ性でなければならない。

『真人生の探究』

健康な人の血液は弱アルカリ性だと、天風は言います。反対に、病にかかったり、消極的な感情が湧き出すと血液は酸性になる、と天風は指摘しています。そんなときに、積極的な心のもち方をすれば、血液は弱アルカリ性になって、健康で長生きし、前向きな人生を歩むことができます。

もうひとつ、天風は大きな指摘をしています。「弱アルカリ性の血液であるかぎりは、黴菌がただで入ったからって、けっしてその人間は病には冒されない」（『成功の実現』）ということです。このあたりの知識は筆者にありませんが、コレラ菌をめぐる十九世紀終盤の論争はとても考えさせられます。ドイツの医師であるロベルト・コッホ（一八四三〜一九一〇）は、コレラ菌の感染によってコレラが発症すると発表しました。この説に異論を投げかけたのは、近代衛生学の父マックス・フォン・ペッテンコーファー（一八一八〜一九〇一）です。彼は、公衆衛生などの複合要因によって発症すると主張したのです。

やがて、コッホとの論争で劣勢になったペッテンコーファーは、みずから大量のコレラ菌を飲むという人体実験をおこない、コレラにかからないことを証明しました。現代では、病気の発症は、黴菌による原因だけでなく、黴菌の宿主側の要因も大きくかかわっていることが明らかになっています。天風が教えているのは、宿主側である人間の心のもち方です。人が黴菌に負けないためには、積極的な生き方が大切だということです。

病原菌に負けない生き方をする。

141

食べ物は、ひと口につき五十回噛み続ける

形のなくなるまでかむということを
忘れちゃいけない。

『いつまでも若々しく生きる』

天風会第四代会長の杉山彦一は、「ひと口につき五十回噛みなさい」と教えましたが、筆者はいつも三十回足らずで飲みこんでしまい、苦労したことを、今も思い出します。

昔のエピソードです。九州山十郎《きゅうしゅうざんじゅうろう》という力士が慢性の胃腸カタルに侵され、重湯も喉を通らないほどの重症になりました。百四十キロもあった巨体は痩せ衰えて、七十五キロほどになります。医者はさじを投げて、知り合いであった天風を頼って連絡しました。こうして天風のところに運ばれてきた九州山に、「さあ、関取、これを噛むんだ」と、おこわとタクアンを運ばせます。

九州山はタクアンをひと切れ口に入れます。すると、天風は、

「慌てるな。食べろとは言ってないぜ。飲みこまなくていい。噛むんだ」

と命じます。一カ月間も形のあるものを食べていない九州山は、嬉々《きき》として噛み続けていました。が、そのうち目を据えて、飲みこみたいと言い出します。天風はそれを制して、噛み続けさせます。そして、「よかろう。飲みこめ」と天風が言ったときには、九州山の口のなかには何もなくなっていました。極限まで噛み続けると、唾のような液体だけになってしまうのです。

こうして少しずつ食事の量を増やしていき、やがて三週間経ったころには、しこが踏めるまでに回復し、九州山は相撲界に復帰していきました。固形物が喉を通らなくても、噛み続けると、拒否反応もなく、栄養として吸収されてしまうものなのです。

噛んで吸収をよくする。

142

よく噛んで飲めば、中毒は起こりにくくなる

よくかんで飲め。
かんで飲んだら、中毒を起こさない。

『いつまでも若々しく生きる』

天風が噛むことの効用を学んだのは、ヨーガの里で修行していたときです。現地では、水を飲むのではなく、噛んでいたそうです。あるとき、山のなかで、赤土から湧く汚れたような水飲み場に行きつきます。聖者カリアッパ師は平気でその水を飲んでいましたが、天風は飲む気になれないでいます。すると、聖者は、

「立派にボウフラが湧いているだろう。ボウフラが湧く水なら安心していい。湧かない水を飲んだら、死んじまうわ。噛んで飲んだら、中毒を起こすまい」

と教えます。噛んで飲む。――現地の人がやっていたことは、噛むことによって唾液と混ぜ合わせ、中毒を防止するという知恵の実践だったのです。固形物も形がなくなるまで噛むことです。

◎半噛み、半砕き、粗《あら》飲みこみで食べている場合が多いが、口のなかに入れた食べ物の形が全部なくなって、いつ飲みこむともなく飲みこまれる食べ方がよい。

◎胃のなかには歯がない。口のなかにある歯で噛み砕き、食道から胃に送るまでの間に、完全な麦芽糖状態をつくる。

◎噛むと口腔《こうくう》内にある唾液腺から唾が分泌される。この唾だけが、人間の食い物のなかでいちばん分量の多いでんぷん質を完全に溶解し、消化してくれる。

◎唾は万病の薬であり、唾を飲みこむだけで一服の薬となる。

143
たとえお茶一杯でも、栄養になると思って飲む

この茶の中にあることごとくの栄養を、いままさに自分の四肢の末端に至るまで、恵みとして受けるんだという感謝で飲む。

『いつまでも若々しく生きる』

お茶を飲むときも、天風は、そのなかにある栄養を、「今まさに、自分の四肢の末端に至るまで、恵みとして受けるんだ」という観念を描いて飲んでいたと言います。天風が思い描くものは、すべてプラスの観念で、栄養を頂戴しているとか、おいしく飲むというものです。

「観念てえものを応用しないで人生に生きてる場合、その人生の情味を味わう分量が非常に少なくなっちまうんだぜ」（同書）

と天風は言います。「理想の人生」（本書6参照）の「深い」に該当する言葉です。実際、たんにお茶を飲むだけではなく、観念を使うことでお茶のもつなんとも言えない味わいが全身に広がります。

もっとも、お茶は一例にすぎません。寝るときも、起きるときも、日常生活におけるなにごとも、観念の決定をしてから天風は実行していたのです。たとえば、握手をするときは、握った手を通して、相手にエネルギーを送るという観念を描きます。――ここから天風は、みずからの考え方を「観念の哲学」だと評しています。

歩いているとき、明るく楽しく歩くという観念を描けば、積極的な動きになります。反対に、つらいなと思って歩けば、消極的なだらしない動きになります。また、確固とした信念をもって、ひとつの願望を思い続ければ、その観念は現実のものとなります。まさに願望がかなうのです。このように、天風の教えとは、観念を善用した哲学でもあります。

情味まで味わう。

144

よかった結果より、立派に生きたことを喜ぶ

治ったことをうれしがるような人間だったら
凡俗だ。
悪いときにそれに負けなかったことを
うれしがらなきゃいけないんだ。

『盛大な人生』

「病が治ったことをうれしがるのは凡俗だ。病に負けなかったことを喜ぼう」

天風のこの言葉は、どういう意味なのでしょうか。

病になっても病気にするなというのが、天風の教えでした。病気とは、病を思い煩うことであり、これは病に負けているということです。仮に、病を気にしていた人が、無事に治ったとしましょう。しかし、そのプロセスでは消極的だったのであり、そんな人は、次に病になったときに、治る病も治らなくしてしまうかもしれません。病に負けないとは、病を気にしすぎることなく、プラスで生きたということです。これこそが、喜び誇るべきことだと天風は言うのです。同様に、

「長生きしたことをうれしがるのは凡俗だ。逆境のときによく生きたことを喜ぼう」

と言えます。大切なのは、どれだけ長く生きたかではなく、いかによく生きたかです。もっとも、よく生きる人は、結果的に長寿でもあります。また、

「願望がかなったことをうれしがるのは凡俗だ。理想をかなえたことを喜ぼう」

とも言えます。大切なのは、低級な欲求をかなえることではなく、理想の人になることです。

つまり、たんに、病が治った、長生きした、願望がかなったというくらいでうれしがっているようでは凡俗です。もっと大きなことをうれしがらなければなりません。それは、プラスの生き方、信念のある生き方、人間としての使命を果たす生き方をした、ということです。

若返りの秘訣《ひけつ》の第一は、
まず気分を若がえらせること。
すなわち精神を青年にすることであります。

『いつまでも若々しく生きる』

実年齢に関係なく、その人の精神が老人であるならば、その人は老人なのです。たしかに、肉体も精神も、時の流れに比例して若さは失われていきます。しかし、若返ることができるのです。天風は、みずからの教えを「観念の哲学だ」と評しました。心身を若返らせたければ、まず、気分を若返らせること。精神を青年にすること。若いという観念を抱くことです。

では、若いとはどういうことでしょうか。経営の神様と称され、多くの尊敬を集めた松下幸之助は、七十一歳のときに、なお精神面での若さをもち続けたいという願いから、「青春」という座右の銘をつくりました。こんな言葉です。

「青春とは心の若さである。信念と希望にあふれ、勇気にみちて日に新たな活動をつづけるかぎり、青春は永遠にその人のものである」(松下幸之助『若さに贈る』)

もとになったのは、言うまでもなくサミュエル・ウルマン(一八四〇〜一九二四)の「青春」という詩です。これを短く、自分の心情に合うように創案したのは、天風がヨーガの里で、点在する岩に刻まれた覚者の言葉から刺激を受けて誦句をつくったのに似ています。

さて、若さとは、幸之助によれば、信念、希望、勇気に満ちあふれ、日に新たな活動をつづけることでした。そんな気概に満ちているかぎり、その人は若いのです。精神の若さは、肉体に表れます。たとえば颯爽と歩き、きびきびと動くから、肉体的にも健康になります。

心からほほえみをして
起床するのがよい。

『真人生の探究』

いつかは、永遠に目の覚めない朝がやってきます。毎日が平和に過ぎていると、そんな当たり前のことすら忘れてしまいます。しかし、天風は、軍事探偵のときも、奔馬性肺結核にかかったときも、死と背中合わせの毎日を送っていました。そんな人にとって、朝、目覚めるということは、かけがえのないことだったのです。「今日も目覚めることができた。ありがたいことだ」と、天風は感謝せずにいられませんでした。だから、右の言葉のように、「心からほほえみをして起床するのがよい」と、一日の始まりを感謝からスタートさせたのです。

①生きていたことを、まず感謝する。
②寝具を自分で整理整頓する。
③深呼吸して、朝の新鮮な空気から活力を得る。
④洗顔は皮膚を強くするために上半身裸でやる。（同書から要点を整理）

このように天風は、目覚めてすぐにおこなうことをまとめています。天風の娘婿でもある第二代会長の安武貞雄は、天風の日常を間近で見てきました。その彼が、八十歳を超えた天風の日常を、

「朝起床直後の冷風浴、冷水浴を初め朝の諸行事は一日として休まれる日がない。会員に教えられることはそのまま先生の毎日の行いなのである」（安武貞雄「私の見た天風先生」）

と書いています。天風の教えには、天風哲学を実践している天風の裏づけがあったのです。

毎朝、生きていることに感謝する。

147

姿勢を正せ。姿勢には心が表れる

本を読む時はね、
横になって読んでは駄目だよ。
頭が横になると字を読む体勢ではなく、
考え事をしても駄目、
頭を横にしたら専ら眠ることなんだ。

『哲人ある日あの時　全国版』

天風が逝去する二週間前のことです。自宅で養生していても、天風は、本を読むときはいつも体を起こしていました。敷き布団のうえに座って、パジャマのうえに淡い色のケープを羽織り、うしろに夜具を何枚か積み重ねたものをクッション代わりにして、背をもたせかけていました。

そして、ドイツ語の本を読んでいたらしく、かたわらには辞書が置かれていました。そんなときに、見舞いにきた人がいて、その人に話したのが右の言葉です。

天風は、病床にあっても、寝ること以外の何かをするときには姿勢を起こしました。このように、いつも姿勢を整えていたのは、姿勢には心が表れるからです。

安武貞雄は、こう証言しています。

「私は数十年来先生が畳に寝そべっておられるだらしない姿を目にしたことがない。あぐらをかかれた姿勢さえも見られない。自宅にある時間、就床時以外は大抵机や仕事台或は応接台の前にきちんと正座しておられる」（安武貞雄「私の見た天風先生」）

あぐらさえかかずに、天風はいつも正座していました。そうした礼儀作法は、九州柳川藩の立花家という大名家《だいみょうけ》に育った、幼少期からの躾《しつけ》に要因があります。が、それだけでなく、心身統一を掲げた天風の思想が反映しているのでしょう。安武は、「礼における心と形の一致、その渾然《こんぜん》一体になった姿を、私は天風先生において発見する」（同書）とまとめています。

横になったら眠る。

148

死を思い煩うことに、意味はない

いいかい、死ぬときは、死ぬんだ。
何としても、死ぬときは、死ぬんだ。
死ぬことは、死んでから考えたって間に合う。
この大きな真理の上に
厳粛に立脚して生きたらどうだ。

『いつまでも若々しく生きる』

死を思い煩うな。——死を考えないようにしなさいとか、忘れなさい、と言っているのではありません。天風が教える死への覚悟は、次の二つに集約されます。

◎『生死一番、臨終ただいま』の信念で生きてごらん」(同書)

生命がまさに終わろうとする瞬間=臨終を、いつ迎えても悔いがない、今迎えても悔いがない、という覚悟で日々を送ることを「臨終ただいま」と言います。

考えてみれば、生きるとは、今という一瞬の積み重ねです。この「今」を、臨終ただいまの覚悟で生きている人に、突然の死というものはありません。また、臨終ただいまの覚悟で生きるとは、今を大切にすることでもあります。

◎「死ぬってことは、生まれる前の世界へ行くだけだ」(同書)

いっさいの形あるものには、大宇宙から分派した生命が具わっています。バラの花の豪華さも、大空でのツバメの旋回も、人間の創造的な仕事も、生命のなせるわざです。この生命が抜けると、現象界から姿を消していきます。そして、生命はもとの大宇宙へと帰っていくのです。

生まれる前とは、分派する前の世界です。個々の生命は、大宇宙の生命から一滴の水のように分派し、また大宇宙の生命へと還元していきます。つまり、生まれる前も、死んでからも、同じ大宇宙の生命にいるのであり、死んだら別のところに行くわけではないのです。

いっぺん死んじまえば、
二度味わえはしないこの人生、
こりゃあ尊いものです。

『心に成功の炎を』

人生は、今生の一ページかぎりで、二ページはない、と天風はくり返し語っています。だから、「この人生は尊いのだ。生きている今、この尊い人生を、広く、深く味わおうではないか」というのが、右の言葉にこめられたメッセージでしょう。

昔の話です。浜辺に陣取った武士の一軍と、追いつめられて海に逃れようとする船団の武士がにらみ合っていました。そんな緊迫したなか、船団から一隻の小舟が出てきて、開いた扇子を高々と掲げました。

「この扇子を的に見立てて、見事、射貫いてみせよ」

という挑発です。波に揺れる扇子の出現に、浜辺の武士たちはざわめきます。そんななか、弓の名人とうたわれた武士が現れます。彼はもっていた矢を次々に折って捨て、一本だけを残します。一本かぎり。——揺れる的を射貫くには、高い集中力が要求されます。二本目はないと、すべての矢を折って臨み、武士は見事に的を射貫きました。弓の勝利に歓喜した浜辺の武士たちが、戦いにおいても優勢になったことは言うまでもありません。

この昔話は、「今生は一ページかぎり」に通じます。二本目の矢はないという覚悟が、勝利を呼びこみました。生きているこの一ページを価値の高いものにさせるのは、「二ページはない」という死生観によるのです。

「十二の生活信条」で、最高の人生を生き切る

けつが痛かろうが、
頭が痛かろうが、
熱があろうが、
死んでないかぎりは生きてんだ。
そうしたら、生きてることを楽しもう。

『心に成功の炎を』

生きてることを楽しもう。――これが天風の精神です。楽しむとは享楽の生活をすることではなく、心の位を高めることでしか得られないものです。次は、天風から学びたい生活信条です。

①「できない」「困った」など、マイナス言葉を吐かないようにしよう。
②プラスの言動とユーモアで他人に接し、勇気を与えることを心がけよう。
③背筋をピンと伸ばそう。笑顔で颯爽とした積極精神を貫こう。
④よく噛もう。味わって食べよう。そして元気よく一日を充実させよう。
⑤肩の力を抜こう。下腹に気をこめよう。肛門を締めよう。
⑥怒るな。怖れるな。悲しむな。くじけるな。あきらめるな。焦るな。くさるな。逃げるな。負けるな。頑固になるな。その都度、内省検討しよう。
⑦問題が起こったら、解決に向かう前に、まずみずからの心に虚心平気かと問おう。
⑧人生に理想をもとう。信念を煥発し、確固たる信念で理想を実現しよう。
⑨朝晩に十分間の坐禅をしよう。そして、霊性を自覚し、心を深めよう。
⑩他人の喜びをわが喜びとしよう。そして、本心、良心を判断基準にしよう。
⑪進化と向上に寄与しよう。自分の使命を知り、きっちり責務を果たそう。
⑫平常時に泰然としているのは当たり前。有事にあっても泰然自若としていよう。

解説――天風哲学を自分のものにする学び方

中村天風の教えを、どう学べばいいのでしょうか。学び方ひとつで、理解の度合いが違ってきます。同じ学ぶなら、より深いレベルで自分のものにし、実生活に生かしたいものです。

筆者が天風哲学を学んだのは、天風会第四代会長の杉山彦一先生からでした。そのころは二十代半ばで、杉山先生は副会長でした。師事して間もなく輔導《ほどう》となり、心身統一法の指導にあたってきました。

四十歳のとき、出版社からの依頼で、天風哲学についての初めての本を出版することになりました。さっそく、杉山先生に執筆への思いを語りました。

「禍根を残さないようにやりなさい」

これが杉山先生からの忠告でした。禍根とは、わざわいが起こるもとを言います。その一言が意味するところは、

「本を書くなら、禍根を残さないようなものを書きなさい。それができないなら、書くのはおよしなさい」

ということでしょう。

禍根を残す本か、残さない本か。この基準をクリアするため、杉山先生から教わった天風哲学の初等科課程を骨組みにし、筆者の体験を通して確信がもてることを書きました。こうして書きあげた本は、ロングセラーとなり、今も再編集をくり返しながら流通しています。

その後も何冊かを書きましたが、そのたびに杉山先生のお顔が思い出されました。こうして月日を重ねるうちに、天風哲学をどう学び、どう実生活に生かせばいいかがはっきりしてきました。

この巻末の解説では、押さえておくべきポイントをまとめました。いわば骨格です。これに対して、本文の150の言葉と解説は、血肉だと言えるでしょう。

◉中村天風の悟り

わが生命は、大いなる宇宙霊の生命と通じている――ヨーガの里における天風の悟りです。では、本当の自己とは何でしょうか。宇宙霊から分派した霊魂だ、と天風は喝破しました。

そんな人間が弱いはずがなかろう――もし弱いと思えるなら、それは生命の内奥深くに眠っている「潜勢力」が顕在化していないからだ、と天風は言います。では、潜勢力を発揮するにはどうすればいいのでしょうか。まず、力を信じることです。そして、①積極性、②統一性の二つの原理で心を働かせることです。

①積極性——心の態度を積極的にすることで、生命の勢いは満ちてくる。

②統一性——心を散らすことなく、また、物事にとらわれることなく、心の主体性を確保して統一的に用いれば、意志や信念が喚起されるなど、高度な能力が発揮できるようになる。

何ものも宇宙の摂理に反して繁栄することはできません。真の健康を確立し、無病で、天寿をまっとうするには、進化と向上に向かおうとする宇宙の摂理に順応することです。こうした天風の悟りを展開したものが「天風哲学」であり、修行法として体系化したものが「心身統一法」です。

◉天風哲学の学び方——理入と行入

天風の悟りを、私たちは追体験することができます。そんな道を天風は遺してくれました。二つの側面から学んでいくのです。——「理入」と「行入」という、この二つが合わさったとき、天風哲学を正確に理解することができます。

①行入——心鏡払拭の実践による漸悟

天風哲学では、絶えず心を磨くという、日常の心がけを大切にしています。どんなにきれいな鏡でも、ほうっておくと、すぐにチリやホコリが付着して、曇って映りが悪くなります。同じように、心もほうっておくと雑念や妄念によって汚れます。

そこで、日々の心がけとして、チリやホコリを払い、心の鏡をぴかぴかに磨いておくことが必要です。キーワードは「心鏡払拭」であり、これを「行入」と言います。主な方法に、「観念要素の更改法」「積極精神養成法」「クンバハカ法」「安定打坐法」があります。

つまり「行入」という学び方は、心鏡を払拭し続けることによって悟るというものです。だんだんと悟っていくので、漸悟（順を追って修行し、悟りを開くこと）と天風は位置づけました。

②理入――真理の言葉による頓悟

日々の心がけによって、雑念や妄念が払われると、本心が顕《あらわ》れます。このとき、霊性意識のレベルに立っています。理性がじゃましないので、天風が語る「真理の言葉」がスッと胸に届きます。

実際に、真理瞑想行では、ヨーガの里でつかんだ真理を、天風は諄々《じゅんじゅん》と説いて聞かせました。これが理入です。

理入とは、理性の壁を越えて、真理の言葉を受けとることです。このとき、真理の言葉と感応することで、真理とひとつになった人は、瞬時に悟っているのです。これを頓悟（修行の段階を経ずに、一挙に悟りを開くこと）と言います。天風が語った真理の言葉は、『運命を拓く』に記録されています。その本の最初に「真理瞑想行について」という短文が掲載され、悟りを開くにあたっての心得が説かれていて貴重です（この短文から採った言葉は、本書の107、109、111、122の四点）。

さて、天風は、安定打坐法（行入）をおこなって本心を顕し、心がきれいになったところで、真理瞑想行（理入）をおこないました。ポイントは二つあります。

◎真理の言葉を受けとめる準備ができていること。――準備とは、すでにふれたように、行入によって心の掃除（心鏡払拭）をすることです。素直で汚れのない心になっておくことが、理入の前提です。

◎理入と行入を互いに補完させて、一体として実施すること。――両者が補完し合ったとき、天風哲学が深いレベルでわかります。

生前のように天風の声をじかに聞くことができない今、真理の言葉は、天風の著述を読むか、講演CDを聞くかによって受けとることができます。いずれを選ぶにしろ、「行入」の方法とあわせて学ぶことが、天風哲学の学びを深くします。

③よくある間違い――「理＝理論」ととらえる誤り

学校では、理性を使って学びました。これが先入観となっているのか、理性によって学ぶことが理入だと勘違いしている人がいます。また、理入を「理論から入る」ことだと誤解している人もよく見かけます。でも、このような思いこみをしているかぎり、いつまで経っても天風哲学は学びの対象でしかありません。深いレベルで学ぶとは、天風哲学を生きることです。

以下では、「行入」の方法である、①観念要素の更改法、②積極精神養成法、③クンバハカ法、④安定打坐法を、箇条書きで整理しておきます。

◉観念要素の更改法

潜在意識につまったマイナスの観念要素を、暗示を活用してプラスへと入れ替える方法です。

◎自己暗示による大掃除——自分で自分にプラスの暗示をする。

①連想暗示法——悲しいこと、腹の立つこと、気がかりなことなどは、いっさい寝床にもちこまない。明るく、勇ましく、微笑ましい積極的なことだけを心に連想する。

②命令暗示法——鏡に映った自分の顔に向かって、自分が望んでいる念願を命令的に言う。例「おまえは信念が強くなる」「おまえは仕事が好きになる」など。手順は次のとおり。

(1)手鏡に自分の顔を映して、眉間に意識を集中し、

(2)「おまえは……」と二人称で、つぶやくくらいの声で呼びかけ、

(3)いちばん自分が望んでいる念願をひとつだけ選び、真剣に、一回だけ命令する。

(4)実現するまで継続的におこなう。

③断定暗示法――寝がけに命令暗示法でおこなったことを、翌朝目覚めたときに、断定的な口調で暗示する。例・「私は信念が強くなった」「私は仕事が好きになった」など。

⑴目覚めた直後に、断定的にはっきりと確信をもっておこなう。

⑵「私は……」と一人称を使う。

⑶一日中、何回でも数多くおこなう。

◎他面暗示による大掃除――環境のなかからプラスの暗示だけを受けとる。

④積極的暗示の摂取――暗示の分析（次の「積極精神養成法」を参照）をおこない、積極的な暗示をとり入れる。消極的な暗示は、積極的な暗示へと転換してとり入れる。

⑤積極的人間との交際――積極的な人とつきあう。積極的な人は、プラスの言葉と行動をとる人である。そんな人は、明るく、勇ましく、溌剌颯爽としている。

⑥積極的集団との交際――集団にはカラーがあるので、積極的なカラーの集団を選ぶ。

◉積極精神養成法

積極精神養成法とは、実在意識に働きかけて、プラスの思考回路をつくることです。「積極精神でいくんだ！」と決めて、心を勇気づけます。間違っても、自分にはできないという安っぽい見切りをつけてはいけません。

①内省検討――現在の自分が思っていることや考えていることが、積極的か消極的かを、つねに客観的（第三者的）に判断し、積極的なものをとり入れ、消極的なものを追い出す。

②暗示の分析――他面からの暗示をつねに分析し、積極的なものはとり入れ、消極的なものは拒否する。

③言行の積極化――明るく朗らかに、いきいきと勇ましく、潑剌颯爽と何人にも接する。いかなるときにも積極的な言葉と行動を用いる。

④取越苦労厳禁――次の三つの苦労をやめて、心を積極的にする。

⑴過去苦労――過ぎたことで、今さらどうにもならないことを、くよくよと思い煩わない。

⑵現在苦労――今、目の前にある事柄を、何でも苦にしてしまうようなことをしない。

⑶未来苦労――まだ来ない先のことを、あれこれと思い煩わない。いわゆる取越苦労をしない。

⑤正義の実行――本心、良心を基準にした行為をする。心にやましさを感じることをしない。気がとがめることをしない。

⑥不平不満を言わず、感謝を先にする――不平や不満があると、積極的な言葉が出ない。不平や不満はすべて、感謝の言葉に置き換える。マイナスの出来事は忠告だと受けとり、気づかせてくれ

て「ありがたい」と感謝する。

◉クンバハカ法

ヨーガの止息の体勢を分析し、「外界からの刺激に心を乱されない体勢」として天風が創案してものです。ストレスから身を守ることができます。クンバハカは「もっとも神聖なる体勢」であり、この姿勢をとると、人の生命体は霊体化すると言われます。要領は次のとおり。

①肛門を締める。

②肩の力を抜く。

③下腹に力を充実させる。

以上の三つのポイントを、三位一体でおこないます。有事の際は、「瞬時に息を止める」という止息を加えると効果があります。実施の留意点として、「肛門を腸のほうに吸い上げるようにしながら締めること」と、「腹を膨らませ気味にして、肛門を締めること」に注意してください。

◉安定打坐法

安定打坐法は、意識を一点に集中させるというヨーガのダーラナ密法をもとに工夫《くふう》された坐禅法です。日常生活を「絶対積極で生きる」ことが、安定打坐法をおこなう究極の目的です。
①坐る――坐り方は、あぐらでも、正座でもよい。楽で長続きする姿勢をとる。背骨は自然にまっすぐ立てる。目を閉じて、視覚からの刺激を遮断する。
②音に集中する――ひとりでやる場合は、坐禅用CDを用いてブザーやおりんの音に集中する。
(1)ブザーやおりんの音が、十数秒、鳴り響く。
(2)音に集中することで、雑念や妄念が消え去り「一念」となる。
(3)突如、音が切れる。音に聞き入って「一念」となっていた意識は、「無念」に達入する。

最後に、より深く学ぼうとしている方のために、拙著を三冊紹介します。
①『中村天風　怒らない　恐れない　悲しまない』(三笠《みかさ》書房)――天風哲学の基本をまとめたものです。観念要素の更改法、積極精神養成法、クンバハカ法などをくわしく解説しています。
②『中村天風　心が強くなる坐禅法CDブック』(イースト・プレス)――安定打坐法に絞って、図解を交えてわかりやすく解説した一冊。付属の坐禅用CDを用いると、すぐに実践できます。
③『中村天風「心の力」瞑想録』(本心庵《ほんしんあん》)――理入と行入をくわしく解説し、天風が原案をつくったと言われる『心の力』を用いて、真理瞑想をおこなえるようにしたものです。

一八七六年（明治九）七月三十日、現在の東京都北《きた》区王子《おうじ》（東京府豊島《としま》郡王子村）に、父・祐興《すけおき》、母・テウの三男として育った。本名は中村三郎《さぶろう》。父は九州柳川藩の武門の出で、大蔵省抄紙部長の要職についた。

一八九二年（明治二十五）十六歳　九州福岡の修猷館《しゅうゆうかん》を退学。頭山満の玄洋社に預けられる。陸軍中佐で軍事探偵の河野《こうの》金吉《きんきち》のカバン持ちとして日清開戦前の満州、遼東《りょうとう》半島方面の偵察を助ける。

一九〇二年（明治三十五）二十六歳　参謀本部諜報《ちょうほう》部員として採用される。満州に潜伏し、日露開戦前の偵察と後方攪乱を工作する。

一九〇四年（明治三十七）二十八歳　日露戦争が勃発。軍事探偵として活動するが、コサック騎兵に捕らえられ、銃殺刑を宣告される。刑の直前に仲間に助けられ、九死に一生を得る。そのほかにも、数々の任務をおこない、翌年には本郷の自宅に帰るが、軍事探偵で生還した者は、百十三名のうち九名だったという。

一九〇六年（明治三十九）三十歳　奔馬性肺結核にかかり、死に直面する。当時、結核に関する権威・北里柴三郎博士の治療を受けるが好転せず、救いを求めて宗教や哲学などの書物を読みあさる。

一九〇九年（明治四十二）三十三歳　読みあさった書物のなかに、オリソン・S・マーデン著『いかにすれば希望を達しうるか』があり、その著者に会って救いを得るため、孫逸郎と名をいつわり、アメリカに渡る。病状は小康を保ち、コロンビア大学で医学を学ぶ。やがて、イギリス、ドイツ、フランスへと求道の旅を続ける。

一九一一年（明治四十四）三十五歳　五月、欧米での旅で、求める答えを得られず、帰国を決意する。その途上、ヨーガの聖者カリアッパ師と邂逅《かいこう》する。同師の導きで、インドの東北部（ネパールという説もある）のカンチェンジュンガ山麓にあるヨーガの里において修行をする。

一九一三年（大正二）三十七歳　ヨーガの里での修行を終えて帰国することになる。その途上、上海《シャンハイ》、北京《ペキン》に行き、翌年にようやく日本の土を踏む。帰国後は、東京実業貯蔵銀行頭取を初め、会社を経営するなど、実業界で活躍する。

一九一九年（大正八）四十三歳　この年の六月八日、感ずるところがあり、それまでに築いた社会的地位や財産を放棄して大道説法をおこない、その後、現在の財団法人天風会（当初は「統一哲医学会《とういつてついがっかい》」）を創設する。その後、約五十年にわたって、「心身統一法」を教えることに身を捧《ささ》げる。主として政財界のリーダー層を指導するが、いっさいの広告やPRをしなかった。

一九六八年（昭和四十三）九十二歳　十二月一日永眠。死してのちに、天風の名が広く知られる。

引用文献、参考文献

◎中村天風著または述の引用、参考文献
『真人生の探究』『研心抄』『錬身抄』『哲人哲語』『安定打坐考抄』『天風誦句集（一）』『真理行修誦句集』以上、天風会
『叡智のひびき』『真理のひびき』『運命を拓く』以上、講談社
『幸福なる人生』『真人生の創造』以上、ＰＨＰ研究所
『成功の実現』『盛大な人生』『心に成功の炎を』『いつまでも若々しく生きる』『君に成功を贈る』以上、日本経営合理化協会出版局
『心身統一哲醫學』（私家版、楠見守概記）

◎その他の引用、参考文献
池田光『中村天風　心が強くなる坐禅法ＣＤブック』イースト・プレス
『中村天風　「心の力」瞑想録』『天風哲学で読む中村春二の「心の力」』本心庵
『中村天風　怒らない　恐れない　悲しまない』『働く君に贈る中村天風45の言葉』三笠書房
『中村天風　心が安定する「坐禅法」入門』パンローリング（ＣＤ）
安武貞雄『「積極」への途』（『志るべ』増刊、４４６号）天風会
安武貞雄「私の見た天風先生」（『志るべ』４２９〜４３６号）天風会
『哲人　あの日あの時　全国版』天風会京都支部
『哲人　あの日あの時』（京都版）天風会京都支部
志村武『鈴木大拙随聞記』ＮＨＫ出版
武者小路実篤『武者小路実篤全集』（第十一巻）小学館

今西恭晟『魂に響く108の言葉』プロセスコンサルティング
沢庵宗彭（著）、池田諭（訳）『沢庵　不動智神妙録』徳間書店
渋沢秀雄『渋沢栄一』時事通信社
渋沢栄一『処世の大道』実業之世界社
渋沢栄一（著）、池田光（解説）『渋沢栄一　逆境を生き抜く言葉』イースト・プレス
安岡気篤（著）、池田光（解説）『安岡正篤　運命を思いどおりに変える言葉』イースト・プレス
安岡正篤『禅と陽明学』（上）プレジデント社
コリン・ウィルソン（著）、鈴木建三、君島邦守（訳）『覚醒への戦い』紀伊國屋書店
保坂栄之介『記憶力・集中力がつく本』こう書房
松下幸之助『若さに贈る』ＰＨＰ研究所
田中良雄『私の人生観』四季社
田中博美『中国禅僧列伝』淡交社――本書では、唐代禅僧の生没年をこの本に従った。
中村元『佛教語大辞典』東京書籍――本書117の「活潑々地」の読みはこの本に従った。

本書は、二〇一三年に成美堂から刊行された『中村天風　打たれ強く生きる100の言葉』を大幅に加筆・改筆・再編集したものです。

中村天風《なかむらてんぷう》
折《お》れないこころをつくる言葉《ことば》

2018年11月27日　第1刷発行
2024年 4 月10日　第9刷発行

解説　池田《いけだ》 光《ひかる》

ブックデザイン　櫻井 浩 (⑥Design)

発行人　永田和泉
発行所　株式会社イースト・プレス
〒101-0051
東京都千代田区神田神保町2-4-7 久月神田ビル
TEL:03-5213-4700　FAX:03-5213-4701
印刷所　中央精版印刷株式会社

ISBN978-4-7816-1724-4　C0030